VIE POPULAIRE

DE

S^T VINCENT DE PAUL

PAR

L'ABBÉ BERBIGUIER

CHANOINE HONORAIRE DE BORDEAUX

ARCHIPRÊTRE DE LIBOURNE

PARIS

AU SECRÉTARIAT DE LA SOCIÉTÉ

DE SAINT-VINCENT-DE-PAUL

6, RUE DE FURSTENBERG, 6

1887

VIE POPULAIRE

DE

SAINT VINCENT DE PAUL

VIE POPULAIRE

DE

S[T] VINCENT DE PAUL

PAR

L'ABBÉ BERBIGUIER

CHANOINE HONORAIRE DE BORDEAUX

ARCHIPRÊTRE DE LIBOURNE

PARIS

AU SECRÉTARIAT DE LA SOCIÉTÉ

DE SAINT-VINCENT-DE-PAUL

6, RUE DE FURSTENBERG, 6

—

1887

AVERTISSEMENT

L'auteur de ces pages croit devoir déclarer qu'elles sont moins une œuvre personnelle qu'un abrégé de l'admirable *Vie de saint Vincent de Paul,* par Abelly. La parole est laissée, aussi souvent que possible, quelquefois même sans qu'on en avertisse le lecteur, à ce témoin oculaire des belles choses qu'il raconte.

AUX OUVRIERS

DES VILLES ET DE LA CAMPAGNE

La première *Vie de saint Vincent de Paul* parut avec une dédicace à la Reine Mère. Recevez l'hommage de celle-ci, travailleurs de l'atelier et du sillon; car le peuple est vraiment, après Dieu, le maître qu'a servi le héros de ces pages.

Beaucoup d'autres se vantent bien haut de vivre pour vous. Lisez et comparez.

Un illustre docteur faisant l'éloge de saint Antoine disait : « C'est une grande preuve de la divinité de notre sainte religion, qu'aucune secte hérétique ne puisse se glorifier de posséder un homme semblable. » Voyez ce qu'a été Vincent de Paul, ce qu'il a fait; et demandez-vous si vous pouvez trouver ailleurs une pareille abnégation, un dévouement aussi absolu; par le fruit vous jugerez de l'arbre; par le fils vous apprendrez à connaître la mère, l'Église catholique.

La grande force de l'homme, sa puissance au dehors, c'est le cœur; que ferez-vous avec de l'eau froide, quand même elle serait enfermée dans un vase d'or? Mais chauffez-la cette eau, et vous avez une force qui ne connaît plus d'obstacle. Elle actionne, dans vos usines, comme une âme invisible, les mille bras de fer de gigantesques machines; elle entraîne à sa suite dans l'espace un long convoi de chars pesamment chargés. De même voilà un homme qui a de l'esprit, de la science. une éducation correcte; mais son cœur est froid comme l'eau du puits; ce sera un morceau de marbre de plus dans le monde. Vincent de Paul, au contraire, avait vu le jour dans une chaumière; au physique, il n'était pas beau; sous le rapport de l'esprit et du talent, il était comme tout le monde. Mais un cœur de saint battait dans sa poitrine; il a exercé une plus grande action, plus durable surtout, pour le bien de l'humanité, que le célèbre Richelieu son contemporain.

Le premier historien de notre saint, en publiant son ouvrage, quatre ans après la mort du serviteur de Dieu, faisait remarquer que les œuvres de Vincent de Paul subsistaient encore et allaient se développant de jour en jour. Que dire donc, aujourd'hui, après deux siècles écoulés? Elles s'élèvent de tous côtés les œuvres filles de son zèle pour publier sa gloire.

On raconte qu'Alexandre le Grand avait ordonné aux Samaritains de lui ériger une statue, et en attendant l'exécution de ses ordres, il partit pour soumettre l'Égypte. La loi de Moïse suivie par les Samaritains leur interdisait toute représentation humaine par la sculpture ou la peinture. Que font-ils? Au retour du redoutable conquérant, ils lui présentent tous les enfants nés pendant son absence et auxquels ils avaient donné le nom d'Alexandre. « Prince, criaient-ils, voilà des statues vivantes ; elles diront votre grandeur et votre puissance, plus que le marbre le plus fin. » — Saint Vincent de Paul peut se passer d'une de ces statues de pierre si prodiguées de nos jours : les statues vivantes érigées à sa gloire, c'est tout ce qui porte son nom ; ce sont les missionnaires de nos campagnes, les vingt mille sœurs de Charité dispersées dans le monde ; ce sont les malades soignés dans les hôpitaux, les enfants recueillis dans de pieux asiles, les membres de ces nombreuses conférences établies dans les cinq parties du monde pour le soulagement des pauvres.

Les œuvres de saint Vincent de Paul ont acquis à son nom une popularité sans rivale. Apprenons à mieux connaître l'âme d'où elles sont sorties. Apprenons à la connaître pour bénir Dieu, premier auteur de tout bien ; pour vouer au saint patron de la charité une admiration plus raisonnée, un amour plus sincère ; et aussi pour apprendre nous-mêmes, à l'école d'un tel maître, par la contemplation d'un pareil modèle, à devenir meilleurs, à faire, si nous le pouvons, quelque chose pour le bonheur de nos frères.

VIE

DE SAINT VINCENT DE PAUL

CHAPITRE PREMIER

SON ENFANCE A POUY (1576-1588)

Saint Vincent de Paul naquit le 24 avril de l'an 1576 à Pouy dans les Landes. Ce petit village, situé à trois quarts d'heure de distance de la ville de Dax, porte aujourd'hui le nom de Saint-Vincent de Paul. A cette époque cette partie de la Gascogne était soumise à la couronne de Navarre. Notre saint naquit sujet d'Henri IV.

Son père s'appelait Jean de Paul, sa mère Bertrande de Moras. C'étaient d'honnêtes cultivateurs faisant valoir eux-mêmes leur modeste héritage. Ils avaient une nombreuse famille : quatre garçons et deux filles. Vincent leur avait été donné le troisième. Il fut élevé comme l'est, comme l'était surtout alors, un fils de paysan. La Providence, qui le destinait à être l'apôtre et le bienfaiteur du pauvre peuple, lui en fit partager tout d'abord les travaux et les privations. Il aidait donc ses parents dans les rudes labeurs des champs ; on le voyait, nu-pieds, dans le pauvre accoutrement d'un petit Landais du temps, aller à la ville, faire les provisions de la chaumière. Le matin et le soir, le matin surtout à la première lueur de l'aube, il ouvrait l'étable, appelait les quelques têtes de bétail qui étaient toute la fortune de la famille, et les chassant devant lui jusqu'à la prairie voisine, il les gardait plusieurs heures durant.

Le chêne sous lequel s'asseyait le petit pâtre appelé à une si grande renommée existe encore. Les habitants du village le montrent avec orgueil au pèlerin attendri. Le tronc de cet arbre vénérable creusé par les années présente une ouverture assez large pour qu'on ait pu y placer un autel. On dit que chaque année il est le premier à prendre des feuilles et le dernier à les perdre. En 1852, un des plus glorieux fils de Vincent de Paul, Ozanam, le plus célèbre des fondateurs des Conférences, visitait le berceau du grand saint. Il s'arrêtait ému, comme devant une relique vivante, en contemplant ce chêne légendaire. Ce tronc vermoulu qui ne tient à la terre que par l'écorce, et auquel s'attache néanmoins une végétation puissante, lui inspirait une heureuse pensée : « C'est, disait-il, l'image des fondations de saint Vincent de Paul ; elles ne semblent tenir à la terre par rien d'humain, et cependant elles triomphent des siècles et grandissent dans les révolutions. » Il ajoutait humblement en parlant de sa chère et belle œuvre des Conférences : « Nous sommes le gazon qui pousse au pied du chêne ; il croît rapidement, il ne cesse pourtant pas d'être petit, et parce qu'il couvre beaucoup de terre il ne dit pas : je suis le chêne » (1).

(1) *Vie d'Ozanam* par son frère.

On ne cite dans l'enfance de Vincent aucun de ces traits extraordinaires dont les premières années des serviteurs de Dieu sont quelquefois marquées. Sa vie ne devait pas être une vie de miracles et d'actions singulières. Son enfance fut comme sa vie. Il ne devait être extraordinaire que par la charité ; on ne sait aussi de son jeune âge que des actes d'une charité plus qu'ordinaire.

Quand il allait au moulin chercher la farine, il ne rapportait pas toujours le sac plein au logis. S'il avait rencontré en route un mendiant, l'enfant compatissant avait donné des poignées de sa farine. Son père s'en apercevait et ne le grondait pas. Il laissait se développer dans le cœur de son enfant de si belles inclinations. Et Dieu l'en a récompensé. Pour quelques mesures de farine perdues, Jean de Paul a eu un fils qui a illustré son nom d'une gloire incomparable.

Donner la farine de son père peut paraître un sacrifice facile pour un enfant, Vincent fit un jour un acte de charité autrement méritoire. Il avait, comme tant d'autres, sa petite bourse : trente sous. C'était le prix de combien de courses, de combien de services rendus ! C'étaient les dons soigneusement conservés de combien de jours de fête ! Un pauvre se présente plus misérable que les autres, il raconte sa triste histoire, il montre ses loques. « Attendez », lui dit le petit Vincent ; il court au pauvre meuble où était enfoui le trésor et revient la main pleine de sous qu'il donne au mendiant. Les trente y étaient ; il ne restait rien au généreux enfant.

Saint Vincent resta toujours humblement attaché

au souvenir de sa première condition. En vain sa destinée l'appela à fréquenter les grands, à siéger dans les conseils des rois. Il allait frapper à la porte du Louvre, monté sur un cheval de labour et avec toutes les allures d'un prêtre de village. Son bonheur était de trouver une occasion de répéter qu'il avait gardé les pourceaux pendant son enfance. Un jour une pauvre femme le voyant en belle compagnie lui cria : « Monseigneur, donnez-moi l'aumône. — O ma pauvre femme, fit-il aussitôt, vous me connaissez bien mal, car je ne suis qu'un porcher et le fils d'un pauvre villageois. » Une autre, espérant par le mensonge obtenir une aumône plus abondante, lui dit qu'elle avait été la servante de madame sa mère. Il répondit aussitôt devant tout le monde : « Ma bonne femme, vous me prenez pour un autre ; ma mère n'a jamais eu de servante, ayant elle-même servi. »

On le voit la pauvreté de sa famille ne lui parut jamais un déshonneur. Jamais non plus il ne voulut rien faire pour changer la condition de ses parents. A l'époque où son crédit devint tout puissant, un curé des environs de Pouy vint le visiter. « Vos parents, lui dit-il, sont dans un état de fortune bien modique; vous pourriez leur venir en aide. — Mes parents, répondit le saint, ne sont-ils pas bien heureux de vivre de leur travail ? Peuvent-ils être mieux que dans un état où ils exécutent la sentence de Dieu portant que l'homme doit gagner son pain à la sueur de son front ? »

Ce n'est pas qu'il méconnût les fatigues de la vie des champs. Il avait gardé au contraire un profond souvenir de ce qu'il avait vu autour de lui, et il puisa dans ce souvenir le principe de son dévouement aux travailleurs de toutes les professions. L'ineffaçable impression laissée dans son cœur par les scènes de son enfance se fait jour dans les paroles suivantes : « Ces pauvres laboureurs, disait-il plus tard aux prêtres de la Mission, ces pauvres laboureurs et vignerons, ils sont toujours dans les fatigues, exposés tantôt aux ardeurs du soleil, tantôt aux injures de l'air. Ils ne vivent qu'à la sueur de leur front, nous donnent leurs travaux... Nous, dans les missions, nous sommes au moins à l'abri des injures de l'air. Vivant de la sueur de ces braves gens, nous devons au moins prier pour eux... Nous devons penser en allant au réfectoire si nous avons bien gagné le pain que nous allons manger, etc. »

Un sanctuaire célèbre garde, au pays de Vincent de Paul, le souvenir du saint enfant. C'était le temps des guerres dites de religion. Vincent avait sous les yeux un triste exemple de l'intolérance des sectaires. Non loin de Pouy s'élevait une église dédiée à Marie et chère aux populations de toute la contrée : Notre-Dame de Buglose. Le 28 novembre de l'an 1569, la protestante Jeanne d'Albret avait rendu une ordonnance portant « que les oratoires champêtres qui servaient à de fausses superstitions seraient rasés et les pierres converties à des besoins utiles ». C'est toujours le même procédé de l'impiété ; c'est toujours le premier but de ses efforts : détruire les églises. Comme si ce n'était pas autour des églises, à l'ombre des couvents, à côté des tombeaux miraculeux de nos grands saints que se sont développées peu à peu la plupart de nos cités et de nos bourgades ; la géographie et l'histoire de notre

France l'attestent. Aussi quand une cité oublieuse de ses origines porte une main ingrate et sacrilège sur les pierres de son vieux sanctuaire, elle commet un véritable parricide.

Les satellites de Jeanne d'Albret ne reculèrent pas devant cet attentat. Un an après le décret, le sanctuaire de Buglose fut livré aux flammes (1). Les pieux habitants de la Gascogne continuèrent néanmoins à venir prier sur ces pierres calcinées. C'est là que le jeune Vincent commença à invoquer et à aimer Marie. La persécution a cet avantage; c'est un souffle, qui, au lieu de l'éteindre, avive la flamme des saints enthousiasmes. Le culte de Marie, appris par le pieux enfant dans un temple profané et mutilé, restera toujours pour lui un besoin et une force. Il garda en particulier, comme fruit de ses visites à Notre-Dame de Buglose, l'affection aux pèlerinages. Toute sa vie, sa plus douce consolation fut d'aller célébrer la messe dans les sanctuaires célèbres de Marie.

(1) *Les Petits Bollandistes.*

CHAPITRE II

SES ÉTUDES A DAX ET A TOULOUSE (1588-1598)

Que faisait le petit Vincent sous son chêne? On cite tel de nos écrivains fameux qui apprit à lire en épelant les lettres gravées sur le dos des livres, quand il faisait les commissions d'un libraire; un autre étudiait le latin derrière sa sellette de décrotteur. Saint Vincent ne perdait pas son temps non plus, il faut le croire, puisque la vivacité de son esprit frappa tous ceux qui qui le connaissaient. « C'est dommage, disaient les bonnes gens du village à Jean et à Bertrande, de ne pas donner plus d'éducation à votre Vincent. » La famille délibéra; on examina les économies possibles, les privations qu'on pouvait s'imposer et il fut décidé qu'on mettrait l'enfant au collège.

Le collège était-il accessible alors, dira-t-on, au fils du pauvre? N'est-ce pas un bienfait des progrès modernes? Pour donner à l'enfant de l'ouvrier l'instruction qui est la clé de toutes les carrières supérieures, il y avait les couvents. A toutes les époques les monastères ont été les sanctuaires de l'étude. Et au XVIe siècle encore, les religieux se faisaient un devoir d'ajouter, les uns une école primaire, les autres un collège, à leurs cloîtres, et d'ouvrir ces précieux établissements aux enfants des familles voisines, pour rien bien souvent, ou pour une rétribution excessivement modique. Le prix ordinaire de la pension était de soixante livres.

Or, il y avait à Dax un monastère de Cordeliers et un collège annexé au couvent. Quand les parents du jeune Vincent avaient parlé de collège, il ne pouvait pas, bien entendu, être question d'un autre. Précisément on venait de voir monter sur le trône pontifical un pape qui, après avoir gardé les troupeaux dans son enfance, comme le fils de Jean et de Bertrande, avait été recueilli et élevé par les Cordeliers. Pensaient-ils à cela nos deux villageois quand ils accompagnaient leur enfant à la ville, pour le présenter au prieur! Le premier historien du saint nous fait entendre qu'une pointe d'ambition, une vague espérance de voir cet enfant privilégié devenir plus tard un appui pour ses frères et sœurs, n'avaient pas été étrangères à la détermination de la famille.

Quand le petit garçon de Pouy vint s'asseoir sur les bancs, il avait environ douze ans. On se le représente facilement avec cette démarche un peu lourde, ces manières gauches, cet extérieur inculte d'un adolescent qui n'est jamais sorti de son village. En tout cas, il ne venait pas au collège pour consumer dans la paresse le fruit des sacrifices de sa famille; il travaillait bravement. Aussi ses progrès furent rapides. Après quatre années seulement d'études, à seize ans, il était déjà assez instruit pour enseigner lui-même les éléments des lettres.

De tout temps les jeunes gens sans fortune prennent ce moyen pour terminer leur éducation; ils unissent, en se privant de tout loisir et de toute distraction, en ne dormant pas toute leur nuit, le travail du professeur à celui de l'élève. Le jeune Vincent, pour ne pas être plus longtemps à la charge de sa famille, demanda donc à ses maîtres de lui procurer ce qu'on appellerait aujourd'hui des répétitions.

Justement une honorable famille de Dax cherchait alors un précepteur. C'était la famille de M. de Commet, avocat à Dax et juge de Pouy. Les pères Cordeliers lui parlèrent de leur élève. M. de Commet l'agréa. On représente trop volontiers la société française, à cette époque, divisée en castes que séparaient d'infranchissables barrières. Et voilà pourtant un magistrat, un noble qui ne craint pas de confier l'éducation de ses enfants à un demi-paysan, qu'il avait dû rencontrer plus d'une fois, quatre ans auparavant, gardant des troupeaux.

Le jeune précepteur devint bientôt l'ami de toute la maison. On remarquait en lui tant de simplicité, de dévouement, de vertu ! S'il édifiait chacun, lui-même était édifié. Cette famille était vraiment chrétienne. Dans le père surtout on trouvait un de ces magistrats dont la France d'alors se montrait fière ; ils voyaient dans leurs fonctions une sorte de sacerdoce. M. de Commet avait la réputation d'être aussi pieux que docte. Le jeune Vincent s'éprit d'une sympathique admiration pour cet homme distingué dont il voyait tous les moments absorbés par la prière, l'étude et l'accomplissement des devoirs professionnels. Il lui ouvrait son cœur comme à un père ; il suivait ses conseils avec une confiance entière.

M. de Commet fit alors une belle œuvre ; l'Eglise et l'humanité doivent lui en être reconnaissantes jusqu'à la fin des siècles. Il savait qu'un maître de maison n'a pas accompli toute justice quand il a payé le salaire de ses serviteurs, qu'il a charge d'âmes envers tous ceux qui s'abritent sous son toit. Il étudiait donc le jeune Vincent; son œil de magistrat habitué à lire dans les âmes, ne s'y trompa pas. Il y a là, se dit-il, un cœur de prêtre, de saint prêtre. Et, à partir de ce moment, il ne négligea rien pour que la lampe ne restât pas sous le boisseau. C'est lui, on peut le dire, qui a donné saint Vincent de Paul au monde. Il paraît, en effet, que les conseils du digne magistrat eurent une influence décisive sur le jeune homme pour lui faire comprendre l'appel d'en haut. Vincent reçut la tonsure le 19 septembre de l'an 1596. Il avait vingt ans.

Les séminaires n'existaient pas encore en France; Vincent de Paul lui-même et son contemporain, M. Ollier, étaient destinés à créer ces précieux établissements. Alors l'aspirant au sacerdoce devait aller suivre les cours théologiques d'une université. Vincent se décida pour la plus voisine de son pays natal, celle de Toulouse. Il fallait s'y rendre, il fallait vivre dans cette ville. La famille fit un grand sacrifice; on vendit une paire de bœufs et le nouveau clerc put partir.

Le père de Vincent de Paul n'eut pas, sur la terre, la consolation dont il était si digne; il ne vit pas son fils prêtre: quelques mois après le départ de cet enfant, objet de tant d'espérances, Jean de Paul rendit son âme à Dieu. L'étudiant de Toulouse ne put pas même venir déposer le baiser du dernier adieu sur le front du vieillard et suivre son convoi funèbre.

Pourtant jusque dans ses dispositions suprêmes, le bon père avait pensé à l'enfant éloigné. En partageant le petit patrimoine de la famille entre tous les autres enfants, il avait réglé « que son fils Vincent serait entretenu aux études selon la portée de la succession ». C'était là la part de notre jeune ecclésiastique; il ne la réclama jamais. Il pensa qu'il avait coûté assez de sacrifices à sa famille, que depuis assez longtemps le travail de ses frères aidait à son entretien, que c'était justice de ne pas toucher au modeste héritage.

Pour subvenir à ses besoins, il fit comme il avait fait à Dax, il se mit à donner des leçons. Ses petits élèves furent nombreux; les familles les plus recommandables de Toulouse lui confièrent, avec bonheur, leurs enfants. Ces labeurs multipliés altérèrent sa santé. Il est dur de travailler, quand on est malade. Le jeune Vincent se livrait à la double fatigue de l'étude et de l'enseignement, malgré des souffrances continuelles. Lui-même en faisait plus tard la confidence. Pour encourager les malades il avait l'habitude de leur dire : « Ne craignez pas, mon frère, j'ai eu le même mal en « ma jeunesse, et j'en suis guéri; j'ai eu le mal de la « courte haleine, et je ne l'ai plus ; j'ai eu des descentes « et Dieu me les a remises; j'ai eu des landeaux de tête, « ils se sont dissipés, des oppressions de poitrine et « débilités d'estomac dont je suis revenu. »

CHAPITRE III

ORDINATION ET PREMIÈRES ANNÉES DE SACERDOCE

(1598-1604)

Le jeune étudiant ne développait pas seulement son intelligence par le travail, il affermissait en même temps sa vocation.

On raconte qu'un illustre écrivain de notre temps, M. Cousin, se promenait un jour avec un ami quand un prêtre vint à passer: « Voyez-vous, dit le philosophe, voyez-vous ce jeune prêtre, il va faire une grande chose, il va aider un de ses semblables à bien mourir. L'acte qu'il va accomplir est à lui seul plus utile que tous mes livres.... Ah! mon ami, croyez-moi, ce sont là les hommes vraiment nécessaires. »

Saint Vincent de Paul le comprenait ainsi, il le comprenait mieux même que le célèbre philosophe; et c'est pourquoi il voulait se faire prêtre.

D'un autre côté, la redoutable sublimité de l'état sacerdotal l'épouvantait. « Le caractère des prêtres, « nous citons ses propres paroles, est une participa-« tion du sacerdoce du Fils de Dieu; un caractère tout « divin et incomparable, une puissance que les anges « admirent, qui est pour eux un grand sujet d'étonne-« ment. » Il écrivait aussi à un chanoine de Dax: « Si « j'avais su ce qu'était la grandeur de l'état ecclésias-« tique, quand j'eus la témérité d'y entrer, comme je

« l'ai su depuis, j'aurais mieux aimé labourer la terre « que de m'engager dans une condition si redoutable. »

La grâce de Dieu triomphait des appréhensions exagérées de son humilité, et un à un, il montait les degrés de la sainte hiérarchie. Le 27 février de l'an 1598, il prit les engagements irrévocables du sous-diaconat ; à la fin de la même année, le 19 décembre, il fut ordonné diacre. Arrivé là, il attendit deux ans pour franchir la troisième marche de l'autel. Enfin le 23 septembre de l'an 1600, étant âgé de vingt-quatre ans, il fut ordonné prêtre.

Toutes les particularités nous intéressent dans la vie des personnages célèbres. Saint Vincent de Paul avait sollicité de l'évêque de Dax, son supérieur naturel par droit de naissance, la permission de recevoir la prêtrise des mains d'un autre évêque ; cette autorisation lui avait été accordée. En vertu de cette dispense canonique, il alla à Périgueux et demanda à l'évêque de cette ville, François de Bourdeille, de lui imposer les mains. La cérémonie eut lieu dans la chapelle de la maison de campagne du prélat, à Château-l'Évêque, localité située à deux lieues environ de Périgueux.

A partir surtout de ce moment, le jeune prêtre prit pour règle suprême de sa vie l'imitation de Jésus-Christ. L'attention à reproduire en lui le divin modèle fut l'âme de toute sa conduite. Toutes ses vertus jaillirent de ce principe fécond, comme autant de rayons partis d'un même foyer.

La première messe de saint Vincent de Paul est un sujet qui a plus d'une fois tenté le pinceau de nos artistes. On voit le Saint offrant le divin sacrifice dans une pauvre chapelle, au milieu des bois ; un prêtre l'assiste, un petit servant tout seul est au pied de l'autel.

Cette chapelle est celle de Notre-Dame de Grâce, à six lieues de Toulouse, sur la rive droite du Tarn, vis-à-vis de la petite ville de Buzet. Saint Vincent s'était pendant quelque temps retiré à Buzet ; il y avait mené quelques-uns de ses élèves de Toulouse ; d'autres s'étaient joints à eux, et le pieux abbé s'était ainsi trouvé à la tête d'une petite pension, dont la direction ne l'avait pas empêché de poursuivre ses études ecclésiastiques. De Buzet, il avait sans doute fréquemment passé la rivière pour aller prier Marie dans son pauvre sanctuaire de Notre-Dame de Grâce. Il se souvenait avec attendrissement des prières ferventes que son cœur avait épanchées dans cette solitude bénie, et il voulut par reconnaissance que la première fois où il aurait le bonheur d'appeler sur la terre la divine victime, ce fût sur cet autel. Il le voulut aussi par humilité ; il craignait les distractions inséparables de ces innocents honneurs qu'on accorde habituellement au jeune prêtre le jour de sa première messe ; il se promettait d'être, dans la solitude, plus entièrement à Dieu.

Après son élévation au sacerdoce, Vincent continua ses études, pendant quatre ans encore. Il prit le grade de bachelier en théologie ; une chaire lui fut même offerte dans cette même université de Toulouse dont il était l'élève assidu, depuis huit ans. On voit par là ce qu'il faut penser de l'habitude qu'il prit plus tard de se dire un ignorant, un écolier de quatrième. Un jour, par exemple, après avoir dissipé par sa parole les tentations d'un étudiant, il lui écrivait : « Si le diable vous « remet en l'esprit cette mauvaise pensée, servez-vous « de cette réponse que je viens de vous faire, et dites « à ce malheureux tentateur que ç'a été Vincent, un « ignorant, un quatrième qui vous a dit cela. » Et ainsi, en toute occasion. Ce langage, ces expressions si souvent répétées ont même induit en erreur quelques-uns de ses contemporains. Tout cela n'était pourtant qu'une exagération, nous pourrions dire une sainte manie de son humilité.

Saint Vincent aurait pu devenir un de ces maîtres distingués dont les universités d'alors étaient fières. Mais quelque belle que soit la passion de la science, il en avait une plus belle encore. « Un prêtre, disait-il, « doit avoir de la science, mais autant qu'il est requis « pour satisfaire à son ministère, et non pas pour con- « tenter son ambition et sa curiosité : il faut étudier et « acquérir de la science, mais avec sobriété, comme « disait le saint Apôtre. » L'âme de notre saint se révèle dans ces paroles.

Vincent voyait le peuple avec ses misères physiques et morales, il entendait les cris de la multitude appelant au secours ; et il était de ceux qui courent, en quittant tout, quand le tambour bat ou que le tocsin sonne.

CHAPITRE IV

SON ESCLAVAGE A TUNIS (1605-1607)

La Providence ne trouvait pas encore le saint suffisamment préparé. Pour devenir un des grands serviteurs du peuple, pour être élevé à cette dignité de bienfaiteur de l'humanité pauvre, il faut avoir souffert. Saint Vincent pouvait déjà présenter à Dieu les privations de son enfance, les travaux et les douleurs de sa jeunesse. Ce n'était pas assez. Nous allons l'entendre nous raconter lui-même par quelle terrible aventure la Providence le fit passer. Au moment où l'âme du jeune prêtre s'ouvrait à tous les généreux désirs du zèle, il se vit violemment arraché à tous ses rêves ; condamné, et condamné pour jamais suivant toutes les prévisions humaines, à prêter ses mains, encore humides de l'onction sacerdotale, aux bas services d'une vulgaire domesticité et aux pénibles travaux des champs.

Chacun sait qu'à cette époque, toute la côte du Nord de l'Afrique était une fourmilière de pirates. Alger, Tunis, Biserte, étaient les principaux repaires de ces corsaires redoutés. Leurs courses continuelles rendaient pleine de périls la navigation de la mer Méditerranée ; des milliers de captifs appartenant à toutes les nations de l'Europe gémissaient dans les fers de ces barbares, Vincent fut pris dans une de leurs captures.

Un an après la fin de ses études, dans l'été de 1605, il avait été obligé de se rendre à Marseille pour recueillir un petit héritage. Cet héritage arrivait fort à propos, puisqu'à peine entré dans la ville, Vincent avait dû vendre, pour vivre, le cheval qui l'avait apporté. Une lettre écrite par le Saint à M. de Commet nous donne sur ce qui suivit les détails les plus précis. Il se disposait à retourner par terre de Marseille à Toulouse, lorsqu'un gentilhomme, avec lequel il était logé, lui persuada de prendre la voie de mer comme plus courte et plus économique.

« Je m'embarquai, dit-il, pour Narbonne, pour y être plus tôt, et pour épargner, ou pour mieux dire, pour n'y être jamais et pour tout perdre. Le vent nous fut favorable autant qu'il le fallait pour nous rendre ce jour-là à Narbonne (qui était faire cinquante lieues), si Dieu n'eût permis que trois brigantins turcs qui côtoyaient le golfe du Lion pour attraper les barques qui venaient de Beaucaire, où il y avait une foire que l'on estime être des plus belles de la chrétienté, ne nous eussent donné la chasse et attaqués si vivement, que deux ou trois des nôtres étant tués, et tout le reste blessé, *et même moi qui eus un coup de flèche qui me servira d'horloge tout le reste de ma vie*, n'eussions été contraints de nous rendre à ces filous. Les premiers éclats de leur rage furent de hacher notre pilote en mille pièces, parce qu'ils avaient perdu un des principaux des leurs dans le combat. Cela fait, ils nous enchaînèrent; après quoi ils continuèrent leurs courses... Enfin, chargés de marchandises, au bout de sept ou huit jours, ils prirent la route de Barbarie, tanière de voleurs sans aveu, où, étant arrivés, ils nous exposèrent en vente. Après qu'ils nous eurent dépouillés, ils nous donnèrent à chacun une paire de caleçons, un hoqueton de lin avec une bonnette, et nous promenèrent par la ville de Tunis où ils étaient venus expressément pour nous vendre. Nous ayant fait faire cinq ou six tours par la ville, la chaîne au cou, ils nous ramenèrent au bateau, afin que les marchands vinssent voir qui pouvait bien manger, et qui non, et pour montrer que nos plaies n'étaient point mortelles. Cela fait, ils nous ramenèrent à la place où les marchands nous vinrent visiter tout de même que l'on fait à l'achat d'un cheval ou d'un bœuf, nous faisant ouvrir la bouche pour voir nos dents, palpant nos côtes, sondant nos plaies, et nous faisant cheminer le pas, trotter et courir, puis lever des fardeaux, et puis lutter, pour voir la force d'un chacun et mille autres sortes de brutalités.

« Je fus vendu à un pêcheur, et depuis par le pêcheur à un vieillard, médecin alchimiste, homme fort humain et traitable lequel, à ce qu'il me disait, avait travaillé cinquante ans à la recherche de la pierre philosophale. Il m'aimait fort, et se plaisait à me discourir de l'alchimie, et puis de sa loi musulmane à laquelle il faisait tous ses efforts pour m'attirer.

« Je fus donc avec ce vieillard depuis le mois de septembre 1605 jusqu'au mois d'août 1606 qu'il fut mené au grand sultan pour travailler pour lui. Un renégat de Nice en Savoie, ennemi de nature, m'acheta et m'emmena en son témat ou métairie. Ce témat était dans la montagne, où le pays est extrêmement chaud et désert. L'une des trois femmes qu'avait mon maître était grecque, chrétienne, mais schismatique; une autre était turque, qui servit d'instrument à l'immense miséricorde de Dieu pour tirer son mari de l'apostasie et le remettre au giron de l'Eglise et me délivrer de mon esclavage. Curieuse qu'elle était de savoir notre façon de vivre, elle me venait voir tous les jours aux champs où je fossoyais, et un jour elle me commanda de chanter les louanges de mon Dieu. Le ressouvenir du *Quomodo cantabimus in terra aliena* des enfants d'Israël, captifs en Babylone, me fit commencer, en pleurant, le psaume *Super flumina Babylonis*, et puis le *Salve Regina*, et plusieurs autres choses, en quoi elle prenait tant de plaisir, que c'était merveille. Elle ne manqua pas de dire à son mari, le soir, qu'il avait eu tort de quitter sa religion, qu'elle estimait extrêmement bonne, pour un récit que je lui avais fait de notre Dieu, et quelques louanges que j'avais chantées en sa présence : en quoi elle disait avoir ressenti un tel plaisir qu'elle ne croyait point que le paradis de ses pères, et celui qu'elle espérait, fût si glorieux ni accompagné de tant de joie, que le contentement qu'elle avait ressenti pendant que je louais mon Dieu ; concluant qu'il y avait en cela quelque merveille, cette femme fit tant par ses discours que son mari me dit dès le lendemain qu'il n'attendait qu'une commodité pour que nous nous sauvassions en France ; qu'il la chercherait de telle sorte que dans peu de jours Dieu serait loué. Ce peu de jours dura dix mois pendant lesquels il m'entretint dans cette espérance. Au bout de ce temps nous nous sauvâmes dans un petit esquif, et nous nous rendîmes, le 28 juin, à Aigues-Mortes, et tôt après, à Avignon. »

Il est sans doute inutile de présenter au lecteur aucune réflexion sur ce récit fait par le saint lui-même de sa captivité. Tout le monde saura lire entre les lignes de cette lettre si éloquente dans sa simplicité. Que de souffrances elles font soupçonner ! que de vertus, que de patience dans la victime résignée de tant d'humiliations et d'outrages ! que de zèle dans le prêtre captif !

Voilà donc comment celui qui devait tant s'intéresser au sort des forçats a commencé par porter lui-même les fers. Cette terre de Tunis, aujourd'hui à demi française, cette terre déjà chère à nos cœurs par le souvenir de la glorieuse mort de saint Louis, a donc ainsi reçu l'empreinte des pas bénis du saint le plus populaire de la France moderne. Nous aurons à raconter plus tard ses travaux et ses efforts pour le soulagement des malheureux esclaves de ces contrées. Comme si notre siècle devait partout rencontrer sur sa route ce nom prédestiné, saint Vincent enchaîné, et, dans la suite, en qualité de chef d'un ordre apostolique, a précédé nos soldats et nos colons sur la rive africaine.

On pense que c'est à Tunis, dans les labeurs et les privations de l'esclavage, que saint Vincent de Paul contracta les fièvres auxquelles il fut sujet tout le reste de sa vie. Cette indisposition fut chez lui presque continuelle. Pour la plupart des hommes, cet état maladif aurait été une raison de mener une vie inutile, toute absorbée par les soins de la santé. On verra, dans les récits qui vont suivre, comment notre saint sut secouer la fièvre.

CHAPITRE V

ROME ET PARIS (1607-1612)

Après une si dure épreuve, la bonne Providence ménagea une année d'honorable et utile repos à son fidèle serviteur. Il arriva donc, vient-il de nous dire, à Avignon. Cette ville, il ne faut pas l'oublier, appartenait alors au pape; elle était gouvernée par un légat. Vincent menait avec lui son ancien maître, le renégat converti. Ce malheureux avait encouru, par son apostasie, des censures réservées à l'autorité pontificale. Voilà pourquoi les deux fugitifs s'étaient empressés de prendre la route d'Avignon. Le saint prêtre venait présenter son converti au représentant du pape et demander pour lui l'absolution.

Le légat Montorio les accueillit comme le bon pasteur ouvre ses bras à la brebis égarée ; on fixa le jour et le lieu de la réconciliation solennelle. Cette touchante cérémonie eut lieu dans l'église Saint-Pierre d'Avignon. Le retour de l'apostat était sincère ; il sanglotait ; il fit le vœu de passer le reste de ses jours dans un monastère, livré aux austérités de la pénitence chrétienne. Tout le monde était ému ; le légat versait des larmes d'attendrissement ; quant à Vincent, humilié, confus, le visage inondé de larmes, il restait agenouillé auprès du pénitent ; on l'aurait pris pour le coupable.

Le légat avait reçu quelque temps auparavant avis

de son remplacement dans le gouvernement du Comtat Venaissin. Il n'attendait pour partir que l'arrivée de son successeur. La touchante cérémonie de l'église Saint-Pierre, peut-être le dernier acte de son administration, l'avait profondément remué. Edifié de la douleur sincère du pénitent, vivement frappé de la sainteté du prêtre, il leur proposa de les mener tous deux à Rome avec lui. Ceux-ci y consentirent avec reconnaissance. Le prélat plaça l'ex-apostat dans le couvent de pénitence des *Fate ben fratelli*, et offrit à Vincent l'hospitalité dans son palais. Pendant un an l'humble prêtre habita sous le toit du prélat, mangea à sa table et fut l'objet des plus flatteuses prévenances.

Cette année passée à Rome fut pour Vincent de Paul une année de pèlerinages et d'études. « J'éprouvais, « a-t-il écrit plus tard, une grande consolation de me « voir en cette ville maîtresse de la chrétienté, où est « le chef de l'Eglise militante, où sont les corps de « saint Pierre et de saint Paul, de tant d'autres mar- « tyrs et saints personnages qui ont autrefois versé « leur sang et employé leur vie pour Jésus-Christ. Je « m'estimais heureux de marcher sur la terre où tant « de grands saints avaient marché ; cette pensée m'at- « tendrissait jusqu'aux larmes. »

On le voyait d'ailleurs fréquenter les bibliothèques presque autant que les églises. Les discussions célèbres sur la grâce, non encore terminées, avaient attiré auprès du chef de l'Eglise, juge suprême de ces questions, les maîtres en théologie de la France et de l'Espagne. Vincent venait avec bonheur écouter leurs savantes leçons.

Cependant la Providence lui ménageait une occasion de rentrer en France. L'ancien légat était fier de son hôte, il était heureux de le produire dans la haute société romaine. Il le présenta en particulier à l'ambassadeur français accrédité auprès de la cour pontificale. L'humilité du saint, son extérieur simple et digne, sa réserve parfaite dans ses paroles inspiraient à tous confiance; on remarquait en lui, à un degré égal, la discrétion pour ne pas entrer dans les affaires qui n'étaient pas siennes, et la sagacité avec laquelle il en pénétrait le fond et tous les détails, quand on le priait de s'en occuper. Le diplomate avait apprécié à leur juste valeur des qualités si rares et si sérieuses. Ayant alors une communication importante et délicate à faire à son roi, il pria Vincent de s'en charger; celui-ci accepta et partit pour Paris.

Il avait trente-deux ans quand, par une froide journée de l'hiver de 1608 à 1609, il entra, voyageur inconnu, dans ce grand Paris où il allait travailler pendant un demi-siècle. Pendant cinquante-deux ans, les œuvres de son zèle s'imposèrent à l'attention de toute la cité et son nom était destiné à y vivre toujours. Arrêtez un enfant dans n'importe quelle rue de la grande ville; parlez-lui des grands hommes de notre histoire, grands capitaines, écrivains illustres, il ne les connaîtra peut-être pas. Mais prononcez le nom de Vincent de Paul, il le connaît; il n'y a pas un quartier où quelque maison de secours, quelque asile pour l'enfance ou la vieillesse n'apprenne à le bénir.

Le nom de Vincent de Paul, ai-je dit, les contemporains dirent tout simplement M. Vincent. Et c'est ici un trait de l'humilité de notre saint. En arrivant dans une nouvelle ville il faut se présenter, décliner ses noms et qualités. Vincent pensa avec effroi que s'il donnait son nom tout entier, tel qu'il l'avait reçu de son père, Vincent de Paul, il allait se faire prendre pour un fils de noble maison. Il aima mieux se faire appeler tout court M. Vincent.

En descendant du coche, il chercha un gîte dans une modeste hôtellerie du faubourg Saint-Germain. Détail curieux : il ne put pas même se payer une chambre à lui seul; un ou deux autres voyageurs avaient leurs lits à côté du sien.

L'envoyé d'un ambassadeur de France sortit donc, le lendemain, de ce pauvre logis pour paraître devant Henri IV. Le roi fit bon accueil au prêtre gascon né sur le territoire de la couronne de Navarre. Mais surtout il fut frappé, comme tout le monde, de l'air de sainteté répandu sur toute la personne de ce jeune ecclésiastique.

Vincent n'eut seulement pas la pensée de profiter des dispositions bienveillantes du monarque et des avances qui lui furent faites. Il termina au plus vite sa mission et ne reparut pas à la cour.

Peu de jours après, il reçut néanmoins sa nomination à l'abbaye de Chaume, en Saintonge. Il ne crut pas devoir refuser, parce que, dénué de toute ressource personnelle, il devait, d'après les lois canoniques, être pourvu d'un bénéfice ecclésiastique suffisant à ses besoins.

Les honneurs, ou du moins les chances de brillante fortune s'obstinaient à le poursuivre. La reine Marguerite de Valois, dont le mariage avec Henri IV avait été déclaré nul en cour de Rome, résidait alors à Paris. Elle passait dans les exercices de la piété et de la pénitence les dernières années d'une vie hélas ! trop irrégulière. Elle habitait le faubourg Saint-Germain. Son secrétaire, M. Dufresne, était logé près de l'hôtellerie de Vincent de Paul. Tous deux se lièrent d'une étroite amitié. M. Dufresne parla à la reine de son « nouvel ami, comme d'un prêtre très récommandable, paraissant fort humble, charitable et prudent, « n'étant à charge à personne, circonspect, écoutant « paisiblement les autres sans jamais les interrompre ». La reine Marguerite voulut connaître ce vertueux ecclésiastique. « Les hommes de Dieu, a fort bien dit « Vincent de Paul lui même, ont des traits qui les « distinguent des hommes charnels ; c'est une certaine « composition extérieure humble, récolligée et dévote, « qui procède de la grâce qu'ils ont au dedans. » La reine reconnut tout d'abord en lui ce signe de sainteté et lui demanda de vouloir bien être son aumônier.

Vincent ne donna que bien peu de son temps à la direction de sa royale pénitente. Il ne s'était pas fait prêtre pour être un confesseur de princesses ; il avait voulu être l'apôtre des délaissés, il avait promis à Dieu de se consacrer au service des pauvres et il entendait rester fidèle à sa vocation spéciale. Au lieu d'aller dans les palais qui l'appelaient, il dirigeait ses pas vers les hôpitaux ; celui de la Charité surtout eut alors ses préférences.

Le dévouement, le service volontaire des malades ne rencontraient pas alors les obstacles que lui opposeraient aujourd'hui les formalités administratives. Il ne serait pas facile de nos jours de mettre en pratique le conseil évangélique, et de mériter ces douces paroles du souverain Juge : « J'ai été malade, j'ai été en prison, « et vous m'avez visité. » Nos pères comprenaient mieux que, dans une société chrétienne, la charité doit être libre ; que devant le ministre de Dieu surtout, devant l'homme de la grâce et de l'Éternité, toutes les portes doivent s'ouvrir.

Vincent se présenta donc à l'hôpital de la Charité comme infirmier et aumônier pour l'amour de Dieu. Il y passait ses journées, c'étaient ses débuts dans le ministère auquel il ne cessa jamais de se dévouer. Les hôpitaux sont, on peut le dire, le royaume de Vincent de Paul ; c'est la meilleure part de l'héritage qu'il a laissé à ses fils et surtout à ses filles.

Notre saint eut, à ce moment de sa vie, une lourde croix à porter. Il avait rencontré, à la cour de la reine Marguerite, un prêtre qui était livré à de violentes tentations contre la foi. La charité de Vincent lui fit entreprendre la guérison de cet esprit malade. Conseils, raisonnements, prières, tout fut mis en œuvre et tout demeurait inutile. Alors par un de ces mouvements héroïques dont la vie des saints présente plus d'un exemple, Vincent s'offrit à Dieu pour prendre sur lui l'épreuve. L'échange fut accepté. La généreuse victime sent aussitôt son esprit envahi par les ténèbres. Ce fut comme une obsession de l'enfer. Ceux qui ont connu ces troubles affreux, dans lesquels la foi ne se sent plus sûre d'elle-même et croit voir tout s'écrouler autour d'elle, comprendront ce que dut souffrir saint

Vincent. Il était destiné par la Providence à être le protecteur et le modèle de nos siècles modernes ; et par conséquent il devait, suivant la doctrine de l'apôtre, en connaître toutes les infirmités, *à l'exception du péché*.

Oui, *à l'exception du péché*. Car il fut tenté, mais ne douta pas ; il fut attaqué, mais il resta ferme. Pour repousser l'assaut de l'ennemi, il fit deux choses : Premièrement, il écrivit sa profession de foi, la signa et la déposa sur son cœur, convenant avec Notre-Seigneur, « qu'autant de fois il porterait la main sur « son cœur, autant de fois il ferait un acte de fidélité « et de renoncement à la tentation ». Secondement, au moment le plus pénible de la lutte, il se jeta à genoux et promit à Dieu de consacrer toute sa vie au service des pauvres. Aussitôt la paix descendit dans son cœur. Il lui sembla voir les vérités de la foi avec une clarté nouvelle.« Qui dit doctrine de Jésus-Christ, « s'écriait-il quelquefois, dit un rocher inébranlable ; « il dit des vérités éternelles, infaillibles. Le ciel crou- « lerait plutôt que la doctrine de Jésus-Christ vînt à « manquer. »

L'exemple de saint Vincent de Paul peut montrer aux hommes de notre temps le service que la charité est capable de rendre à la foi. Dans un siècle où le vent apporte des nuages de tous les points de l'horizon, il est bon de se rappeler que la réponse à bien des difficultés ne se trouve pas seulement dans les livres ; mais aussi dans la mansarde du pauvre et au chevet des malades.

Dans son logis du faubourg Saint-Germain, Vincent

était exposé à de désagréables aventures. Il en eut une assez singulière dont nous empruntons le naïf récit au premier historien de notre saint. « Il avait, en ce moment, pour compagnon de chambre, le juge de Sore, qui est un village des Landes et du ressort de Bordeaux. Ce juge, s'étant un jour levé de grand matin, s'en alla en ville pour quelques affaires, et oublia de fermer une armoire où il avait mis son argent. Il laissa M. Vincent au lit, un peu indisposé, attendant une médecine qu'on devait lui appporter. Le garçon de l'apothicaire étant venu avec sa médecine trouva cet argent en cherchant un verre dans l'armoire qu'il vit ouverte ; et sans dire un mot, il le mit dans sa poche et l'emporta.

« Le juge étant de retour fut bien étonné de ne trouver plus sa bourse ; il la demanda à M. Vincent qui ne savait que lui en dire, sinon qu'il ne l'avait ni prise ni vu prendre ; l'autre crie, tempête, et veut qu'il lui réponde de la perte, et le diffame partout comme un voleur ; il porte plainte à la justice. L'homme de Dieu, sans se troubler ni témoigner aucun ressentiment d'un affront si sensible, se contenta de lui dire doucement : *que Dieu savait la vérité*.

« Qu'arriva-t-il d'une si fâcheuse rencontre ? Dieu permit que le garçon qui avait fait le vol fut, quelques années après, arrêté à Bordeaux pour quelque autre sujet. Il fit prier le juge de Sore de venir le trouver en prison. Là il lui avoua tout. Le juge fut saisi d'un grand regret d'avoir calomnié un ecclésiastique aussi vertueux que M. Vincent. Il lui écrivit pour lui demander pardon, le suppliant de lui accorder ce pardon par écrit, sans quoi il viendrait en personne à Paris se jeter à ses pieds et lui demander pardon, la corde au cou. »

Dieu avait ménagé cette épreuve à Vincent de Paul pour son bien. Déjà le saint prêtre se sentait mal à l'aise dans son hôtellerie. Ce déboire acheva de le décider à chercher un autre abri.

Il avait eu l'occasion de nouer quelques relations avec le Père de Bérulle. Ce saint religieux, depuis cardinal, est un des plus grands noms de l'histoire ecclésiastique au XVIIe siècle. Il venait d'établir, en France, à Paris, la congrégation de l'Oratoire. Vincent lui confia d'abord la direction de sa conscience, et puis lui demanda de l'accueillir dans la sainte maison des nouveaux religieux; non qu'il eut l'intention d'entrer dans la Congrégation; mais parce qu'une maison religieuse lui paraissait, avec raison, le meilleur et le plus agréable asile du prêtre dans une grande ville. Sous ce toit béni, l'hôte de M. de Bérulle apprenait, sans se douter de l'avenir, à gouverner une communauté. S'il ignorait lui-même sa destinée, son saint directeur semble en avoir eu le pressentiment ou une révélation d'en haut. « Dieu vous appelle, lui dit-il un jour, à de grandes choses; il veut se servir de vous pour rendre un signalé service à son Église et assembler une nouvelle communauté de bons prêtres. » Cependant notre saint continuait sa vie de dévouement auprès des malades et attendait les ordres de la Providence.

CHAPITRE VI

LE CURÉ DE CLICHY (1612-1613)

Les agrandissements successifs de Paris ont fait de Clichy (la Garenne) un faubourg de la capitale. Au commencement du XVIIe siècle, c'était encore un petit village à deux lieues de la grande ville. On y voyait de tous côtés des châteaux, de riantes villas appartenant à de riches Parisiens. Le curé de cette bien modeste paroisse, M. Bourgoing, se sentant appelé à la vie religieuse, demanda au Père de Bérulle de l'admettre dans la congrégation de l'Oratoire. Le vénéré fondateur ouvrit ses bras à ce nouveau fils destiné à lui succéder un jour dans la charge de supérieur général. Puis, pour remplacer le pasteur démissionnaire, il songea au saint prêtre qui, depuis deux ans, vivait dans la maison, sans faire partie de la communauté. Il conseilla à Vincent de Paul d'accepter la cure vacante de Clichy.

Être curé, c'est être par excellence le serviteur du peuple. Il y a dans chaque quartier des villes, dans chaque village des champs, un homme sur lequel tous ont des droits, depuis le vieillard jusqu'à l'enfant qui vient de naître, depuis le châtelain jusqu'au mendiant ; c'est le curé. Les fonctionnaires ont leurs heures, ils sont au service du public pour un certain genre d'office bien déterminé. Lui ne peut jamais dire : Ce n'est pas le moment ou cela ne me regarde pas. Quand la porte s'ouvre à un visiteur, ou quand on l'appelle dans une maison de sa paroisse, bien embarrassé doit-il être pour deviner quel genre de service il va avoir à rendre. Mais quel que soit le genre de détresse de la brebis, est-ce que le berger n'est pas là pour y pourvoir? Quelque cri que jette l'enfant, est-ce que la mère ne doit pas accourir?

Donc Vincent de Paul qui voulait se dévouer au peuple ne pouvait pas refuser d'être curé. En acceptant de le devenir, il ne montait pas en dignité aux yeux du monde; il paraissait au contraire passer à une condition inférieure à celle qu'il occupait, en qualité d'aumônier auprès d'une reine, même déchue.

Cette infériorité attribuée à tort à la plus nécessaire et à la plus militante des fonctions ecclésiastiques n'était pas pour rebuter saint Vincent de Paul. Elle rendait au contraire la place plus enviable à son humilité.

Il quitta donc, le 2 mai 1612, la maison de l'Oratoire et alla s'installer dans le presbytère de Clichy. Ses paroissiens étaient d'honnêtes cultivateurs. Le bon pasteur, au milieu d'eux, se rappelait ses premières années. Combien de fois, suivant son habitude de tous les temps, a-t-il dû leur rappeler qu'il était fils d'un paysan, qu'il avait gardé les troupeaux. Comme aussi il pratiquait excellemment dès lors les règles qu'il donna plus tard aux prêtres de la Congrégation. « Soyons affables envers les gens de la campagne, parce qu'autrement ils se rebutent et n'osent approcher de nous, croyant que nous sommes trop sévères ou trop grands seigneurs pour eux. Comme Dieu nous a destinés pour les servir, nous devons le faire en la manière qui leur est le plus profitable, et prendre cet avertissement du Sage, comme s'adressant à chacun de nous en particulier : *Congregationi pauperum affabilem te facito :* « Rendez-vous affable à l'assemblée des « pauvres. » — « Il faut avoir, disait-il encore, une grande sérénité de visage envers les personnes qui nous abordent. Quelques-uns avec une façon riante et agréable contentent tout le monde; au lieu que d'autres se présentent avec une mine resserrée, triste et désagréable et chacun les craint. Auprès des pauvres gens des champs, il n'est pas possible que nous produisions de bons fruits, si nous sommes comme des terres sèches qui ne portent que des chardons; il faut quelque attrait et un extérieur qui plaise pour ne rebuter personne. »

Par cette affabilité, par les charmes de son commerce, Vincent de Paul conquit rapidement les cœurs des bons habitants de Clichy. Il eut d'ailleurs cet avantage toujours et partout; il a été aussi universellement estimé et aimé de son vivant qu'il est exalté depuis sa mort. Aujourd'hui, quand le successeur de saint Vincent parcourt ces mêmes lieux devenus une cité industrielle, il n'est pas sûr que quelque cri offensant n'arrivera pas à ses oreilles. Quand le saint curé s'avançait sur ces chemins, de tous les champs voisins, au contraire, on lui envoyait un bonjour respectueux et cordial : le père était heureux de presser sa main, l'enfant souriait à ses caresses. S'il s'absentait, tout le monde était inquiet : « Revenez vite, lui écrivait alors son vicaire, votre troupeau ne peut pas se passer de votre présence. »

Ces promenades du bon pasteur dans les sentiers de

sa paroisse étaient à la fois un apostolat et pour lui-même une consolation, un moyen de sanctification. Il aimait la campagne, non pas seulement comme l'aime le poète pour lequel tout parle dans la nature; il l'aimait et il la voyait avec les yeux de l'âme religieuse, habile à s'élever de la créature jusqu'au Créateur. « Quand il voyait des campagnes couvertes de blés ou des arbres chargés de fruits, cela lui donnait sujet d'admirer cette abondance inépuisable de bien qui est en Dieu; ou bien de bénir et de louer le soin paternel de sa providence pour fournir la nourriture et pourvoir à la conservation de ses créatures. Lorsqu'il voyait des fleurs ou quelque autre chose belle et agréable, il en prenait occasion de penser à la perfection et beauté infinie de Dieu et de dire en son cœur ces paroles qu'on a trouvées écrites de sa main : « Qu'est-ce qu'il y a de comparable à la beauté de Dieu principe de toute la beauté et perfection des créatures. N'est-ce pas de lui que les fleurs, les oiseaux, les astres, la lune et le soleil empruntent leur lustre et leur beauté (1)? »

Une des grandes difficultés du ministère pastoral, une occasion trop fréquente de murmure de la part des paroissiens est la nécessité où se trouve le prêtre de demander de l'argent pour les bonnes œuvres. Saint Vincent de Paul eut à faire rebâtir son église et par conséquent il fut le curé quêteur. Ses paroissiens n'étaient pas riches; il leur demandait pourtant leur obole. Et puis il prenait le chemin de la grande ville; quantité de familles opulentes avaient leur maison de campagne

(1) Abelly.

à Clichy; toutes reçurent sa visite, à toutes il tendit la main. Il avait d'autres amis, il les mit aussi à contribution. Et ainsi en peu de temps, s'éleva un édifice très convenable. Cette église bâtie par saint Vincent est encore l'église paroissiale de Clichy. Le souvenir du saint curé y amène plus d'un pèlerin.

S'il travaillait à la beauté du temple matériel il avait encore plus à cœur l'édification des âmes. Le bien n'est pas facile à faire aux portes d'une capitale; plusieurs causes contrarient dans un pareil milieu les efforts d'un zélé pasteur. Vincent de Paul, curé d'une paroisse de banlieue, réussit à y faire des prodiges. Un religieux qui venait y apporter quelquefois la parole de Dieu a rendu ce témoignage : « Quand je vins prêcher ce bon « peuple de Clichy, du temps où M. Vincent en était « le curé, j'avoue que je trouvai ces excellentes gens « vivant universellement comme des anges; il me « semblait que j'apportais la lumière au soleil. »

Ces merveilleux résultats furent dus en partie à l'établissement de la confrérie du Rosaire. La dévotion à Marie, si ardemment embrassée par le cœur de l'enfant de Pouy dans le sanctuaire désolé de Buglose, faisait maintenant sa force au milieu des difficultés du ministère pastoral. Il y avait quarante ans à peine que la victoire de Lépante avait été obtenue du ciel par la récitation du Rosaire. Depuis lors les souverains pontifes avaient à plusieurs reprises recommandé aux fidèles cette dévotion, et ils n'ont cessé de le faire jusqu'à nos jours. Le saint curé de Clichy, en 1612, répondait avec bonheur à la voix de saint Pie V et de Grégoire XIII, comme nous avons à écouter celle de Léon XIII. Il prit dès cette époque la coutume édifiante de porter toujours un chapelet attaché à sa ceinture ; c'était pour en dire plus facilement une dizaine, à chaque moment libre ; c'était aussi pour faire profession de son culte d'amour et de sa confiance envers Marie.

CHAPITRE VII

LA MAISON DE GONDI (1613-1625)

Saint Vincent a raconté lui-même combien il était heureux au milieu du bon peuple de Clichy. « Ah, me disais-je, le Pape est moins heureux que moi. Un jour le premier cardinal de Retz me demanda : Eh bien, Monsieur, comment vous trouvez-vous. — Monseigneur, répondis-je, j'ai un contentement si grand que je ne puis le dire. Je me dis à moi-même que ni le Pape, ni vous, Monseigneur, n'êtes point si heureux que moi. »

Ce genre de ministère n'était pas pourtant celui auquel le destinait définitivement la Providence. Dans une armée, à côté des cadres réguliers, il y a les bataillons de francs-tireurs. Ainsi, à côté du clergé paroissial, l'esprit de Dieu suscite des auxiliaires animés d'une ardeur plus entreprenante. Saint Vincent de Paul devait être un de ces ouvriers libres qui ne labourent pas toujours le même champ, mais viennent offrir leurs bras partout où il y a du bien à faire et de la peine à prendre.

Après moins de deux ans de ministère curial, M. Vincent, toujours conduit par les conseils de M. de Bérulle, quitta Clichy pour revenir à une position relativement indépendante. « Je m'éloignai tristement de « ma petite église, a-t-il écrit à un ami ; mes yeux « étaient baignés de larmes, et je bénis ces hommes et « ces femmes qui venaient vers moi et que j'avais tant

« aimés. Mes pauvres y étaient aussi et ceux-là me fen-
« daient le cœur. »

Il chargea son mobilier sur une petite charrette qu'il suivit lui-même à pied, et se rendit ainsi chez M. de Bérulle. Ce sage directeur l'avait décidé à accepter la charge de précepteur des enfants de M. Philippe Emmanuel de Gondi.

La famille de Gondi de Retz était une des plus considérables du royaume. Elle avait donné à la France deux maréchaux ; le siège épiscopal et plus tard archiépiscopal de Paris était presque pour elle, à cette époque, un apanage héréditaire. Philippe de Gondi, comte de Joigny, était général des galères de France, dignité dans laquelle il eut pour successeur le cardinal de Richelieu. Il comptait sur ses terres huit mille paysans ; et Mme de Gondi avait, dans ses domaines propres, quarante villes ou bourgs. Leur hôtel était situé sur la rive droite de la Seine, non loin de la cité.

Quand saint Vincent entra dans cette maison, M. et Mme de Gondi étaient à la fleur de l'âge. Leur union datait à peine de quelques années. Ils n'avaient encore qu'un fils. Le saint précepteur vit naître le second destiné à devenir le trop célèbre cardinal de Retz, et enfin un troisième enfant qui mourut fort jeune.

Peu de temps après son installation dans ses nouvelles fonctions, il fit une grave maladie. Il se rétablit, grâce aux soins dévoués de toute la famille ; mais il lui en resta une pénible infirmité ; l'infirmité dont il devait souffrir toute sa vie, et qui enfin devait le mener au tombeau, après l'avoir exercé à la patience pendant plus de quarante-cinq ans. C'était une enflure des jambes et des pieds ; la marche lui devint très pénible et quelquefois impossible. Les douleurs parfois l'exaspéraient au point de l'obliger à garder le lit. A cause de cette infirmité, il adopta l'usage du cheval.

Vincent de Paul resta douze ans dans la famille de Gondi. Mais ces douze années de la meilleure partie de sa vie, de trente-huit à cinquante ans, il ne les passa pas dans le demi-loisir et le confortable d'un précepteur de grande maison uniquement occupé de trois enfants. Il croyait avoir d'autres devoirs envers les âmes, nous allons le voir. Il faut bien au soldat une tente près du champ de bataille. L'hôtel de Gondi fut cet asile pour Vincent de Paul. En réalité, sa vie fut alors celle d'un apôtre.

Apôtre, il le fut tout d'abord de la maison qui avait le bonheur de le posséder et qui doit à cet avantage, plus qu'à tous ses autres titres, de voir passer son nom à la postérité.

Il était l'apôtre des domestiques, pour commencer par l'exercice du zèle qu'il regardait comme sa vocation spéciale, le dévouement aux petits. S'il y avait entre les nombreux serviteurs une querelle, le pieux précepteur descendait de sa chambre, il apparaissait dans les offices, avec sa bonne et sainte physionomie ; il était accepté comme arbitre du différend. Si les domestiques étaient malades, il allait les visiter dans leurs chambres, les consoler, leur rendre jusqu'aux moindres services. A l'approche des fêtes solennelles, il les assemblait tous pour les instruire et les disposer à la réception des sacrements.

Apôtre des pauvres gens, il l'était surtout quand la

famille de Gondi quittant la capitale allait passer quelques semaines dans ses domaines de Joigny, Villepreux, Montmirail et autres. Avec quel bonheur alors le saint prêtre appelait autour de lui tous les paysans vivant sur les dépendances du château ! Le soir, pendant que des fêtes brillantes, des réunions nombreuses animaient les salons, Vincent de Paul, dans la cour ou dans la grange, se livrait aux travaux du ministère évangélique.

Il n'exerça pas seulement son zèle auprès des serviteurs de la ville et des champs ; il fut aussi, avec tout le tact voulu, l'apôtre des maîtres eux-mêmes. A peine avait-il passé quelques mois dans la famille, que Mme de Gondi, lui donnant toute sa confiance, désira l'avoir pour confesseur et pour guide dans les voies de Dieu. A une telle école la générale des galères pratiqua les vertus les plus éminentes. Elle devint une des femmes les plus parfaites de cette époque si féconde pourtant en sainteté. Vincent de Paul s'appliquait toujours à donner à la piété un caractère pratique, il la voulait agissante. « Aimons Dieu, disait-il, mais que « ce soit aux dépens de nos bras, à la sueur de nos « visages. » Mme de Gondi, obéissant à cette inspiration, se fit l'auxiliaire fidèle du zèle et de la charité du saint. On les voyait aller ensemble chez les pauvres porter un secours ; chez les malades, pour les servir ; chez ceux qui avaient des procès, pour les réconcilier. Quand l'heure des œuvres de M. Vincent eut sonné, Mme de Gondy fut la première à le seconder de sa fortune et de son crédit. Enfin, le chef de la famille lui-même subit, comme les autres autour de lui, la sainte influence de l'incomparable précepteur de ses enfants. Il a ainsi déposé dans le procès de canonisation : « Ce « que j'ai admiré, entre les vertus de ce cher défunt, a « été son humilité, sa charité et sa grande prudence en « toutes choses. Jamais je n'ai remarqué ni entendu « dire qu'il ait fait aucune faute contre ces vertus, quoi- « qu'il ait demeuré dix ou douze ans avec moi. Jamais « je n'ai su qu'il ait eu le moindre défaut ; c'est pour- « quoi je l'ai toujours tenu pour un saint. »

Un trait nous montrera comment saint Vincent de Paul savait faire le bien, avec fermeté et prudence. Il avait appris que le comte devait se battre en duel, et il voulait à tout prix éviter ce malheur. Dans ce siècle de mœurs chrétiennes, on avait l'habitude d'entendre la messe tous les jours. M. de Gondi assistait fidèlement à celle que célébrait M. Vincent, dans la chapelle du château, et il prolongeait même sa prière après le départ des autres assistants. C'est le moment qu'avait choisi le saint aumônier pour faire sa démarche. Se voyant seul, dans la chapelle, avec le comte, il se lève, va se jeter à ses pieds : « Monsieur, dit-il, permettez- « moi, s'il vous plaît, qu'en toute humilité, je vous « dise un mot. Je sais de bonne part que vous avez « dessein de vous aller battre en duel ; mais je vous dis « de la part de mon Sauveur, que je viens de vous « montrer maintenant et que vous venez d'adorer, que « si vous ne quittez ce mauvais dessein, il exercera sa « justice sur vous et votre postérité. »

Le duel n'eut pas lieu.

Vincent de Paul, malgré sa grande vertu, n'était pourtant pas encore parvenu à cette perfection et plénitude de sainteté qui brilla plus tard en lui. Il se laissait un peu trop aller à son penchant pour la mélancolie, suite de son tempérament bilieux. En le voyant retiré, taciturne, le noble maître de la maison se demandait avec anxiété quelle peine on avait pu lui faire.

Une fois, cédant à des scrupules exagérés, M. Vincent avait quitté l'hôtel de Gondi. Il se trouvait, disait-il, incapable de diriger convenablement les études de ses élèves. M. Gondi écrivait alors à la comtesse: « Je « vous prie de faire en sorte, par tous les moyens, que « nous ne le perdions pas. Quand la raison qu'il donne « serait vraie, je n'en aurais nul souci, n'ayant pas de « plus grande préoccupation que celle de mon salut et « du salut de mes enfants, à quoi je sais qu'il pourra « un jour beaucoup aider, ainsi qu'aux résolutions que « je souhaite plus que jamais pouvoir prendre, et dont « je vous ai bien souvent parlé. Quand bien même « M. Vincent n'aurait pas la méthode d'enseigner la « jeunesse, il peut avoir un homme sous lui. Mais « en toute façon, je désire passionnément l'avoir en « ma maison où il vivra comme il voudra, et moi un « jour en homme de bien si cet homme-là est avec « moi. »

Quelle idée de pareilles lettres nous donnent de la société française au commencement du XVIIe siècle ! C'était l'époque où saint François de Sales venu pour affaires dans la capitale, écrivait : « J'ai trouvé à Paris un si grand accroissement de ferveur que c'est à en être ébahi. »

La suite fit voir quelles étaient les résolutions mystérieuses dont parlait M. de Gondi, dans la lettre précédente. Mme de Gondi mourut en 1625, à l'âge de quarante-deux ans. Deux ans après, le général des galères quittait le monde pour entrer dans la congrégation de l'Oratoire. Il y vécut trente-cinq ans comme le plus humble, le plus mortifié des religieux ; il mourut plein de jours et de mérites en 1662.

CHAPITRE VIII

PREMIÈRES MISSIONS (1617)

Qui a pu voir, sans en être remué jusqu'au fond de l'âme, une mission dans une paroisse de nos campagnes? Un saint religieux, missionnaire célèbre dans tout le Midi, définit la mission : Dieu qui vient dans la paroisse: *Phase, id est transitus Domini,* un grand passage du Seigneur et, suivant l'étymologie du mot, une grande Pâque. Que d'âmes délivrées! que de scandales réparés! que de réconciliations! Le jour de la clôture, quelles douces larmes! quelle allégresse universelle! O vous qui avez été les témoins attendris de ces merveilles, savez-vous à qui la France moderne doit cette salutaire institution! Au saint dont nous racontons brièvement la vie. C'est par là surtout qu'il a pu dire : *Evangelizare pauperibus misit me.* Il m'a envoyé annoncer la bonne nouvelle aux pauvres. Et voici comment la chose arriva.

Dans l'hiver de 1617, il avait suivi la famille de Gondi au château de Folleville, en Picardie. Là, comme partout, il se livrait aux occupations chères à son zèle. On vint lui dire qu'un paysan habitant à deux lieues du château et dangereusement malade désirait lui faire sa confession. Ce malade avait toujours mené une vie régulière, édifiante même. Et cependant il se trouva hélas! qu'une fausse honte l'avait empêché de confesser jusqu'alors quelques fautes graves, comme lui-même en fit l'aveu public. Il se confessa à M. Vincent avec une contrition extraordinaire, et mourut saintement trois jours après.

Ici il faut laisser le saint nous raconter lui même,dans son style inimitable, comment Dieu tira parti de cet incident pour réaliser un grand dessein de miséricorde.

« A la seconde visite faite au malade, Mme de Gondi m'avait accompagné. En la voyant, le malade de s'écrier : « Ah ! Madame, j'étais damné, si je n'eusse fait «une confession générale!» La pieuse dame se tournant de mon côté : « Ah ! Monsieur, dit-elle, qu'est-ce que « cela ? qu'est-ce que nous venons d'entendre ? Il en est « sans doute ainsi de beaucoup d'autres ? » C'était au mois de janvier 1617 que ceci arriva, et le jour de la conversion de saint Paul, qui est le 25. Cette dame me pria de faire une prédication en l'église de Folleville, pour exhorter les habitants à la confession générale ; ce que je fis. Dieu donna sa bénédiction à mon discours ; ces bonnes gens furent si touchés de Dieu qu'ils venaient tous faire une confession générale. La presse fut si grande que ne pouvant pas y suffire, Madame envoya prier les RR. PP. Jésuites d'Amiens de venir au secours. Et voilà le premier sermon de la mission et le succès que Dieu lui donna. »

A partir de ce jour, notre saint commença à mener tout de bon la vie de missionnaire. Désormais en arrivant sur les domaines de la famille de Gondi, il ne travaille plus seulement au salut des vassaux et tenanciers de la maison seigneuriale ; il fait appel à tous les habitants du village. Muni des pouvoirs de l'Evêque, et avec la permission du curé de la paroisse, il renouvelle en cent lieux divers les édifiantes merveilles de Folleville.

Un hérétique converti dans une de ces missions nous a fait le récit de sa conversion, et ce récit jette un jour intéressant sur la manière dont Vincent de Paul entendait le ministère des missions. C'était à Marchais, près de Montmirail, en Champagne. L'hérétique eut la curiosité d'assister aux exercices. La grâce le toucha et il annonça à M. Vincent son dessein de rentrer dans le sein de l'Église. Le dimanche suivant, M. Vincent, à la fin de la prédication du matin, appela cet homme par son nom, et lui ayant demandé devant toute l'assistance s'il persévérait dans la volonté d'abjurer son hérésie : « Oui, répondit celui-ci, mais il me reste encore une difficulté qui vient de se former en mon esprit en regardant cette image de pierre (c'était une représentation d'ailleurs assez mal réussie de la sainte Vierge). Je ne saurais croire qu'il y ait quelque puissance en cette pierre. » M. Vincent repartit : « L'Eglise n'enseigne pas qu'il y ait aucune vertu dans ces images matérielles, sinon quand il plaît à Dieu de la leur communiquer, comme autrefois à la verge de Moise qui faisait tant de miracles. » Et appelant un des enfants de l'assistance : « Que faut-il croire, lui demanda-t-il, touchant les images ? » L'enfant répondit comme un petit docteur ; l'hérétique s'avoua convaincu et fit abjuration.

Vincent de Paul avait, dans ces prédications, l'éloquence des saints. Il disait des choses très ordinaires, mais il les disait d'une façon tout extraordinaire. Il trouvait ces expressions vives et originales, cet accent de conviction, ces élans vrais, ces larmes sincères d'un homme qui parle de l'abondance du cœur.

Les résultats étaient admirables. Dans le désir d'édifier ses prêtres, il lui arriva plus tard de le révéler, trahissant ainsi un secret que sa modestie aurait voulu garder. « Quelquefois, disait-il, nous sommes dans les « missions bien exposés à l'orgueil, on voit un peuple « touché de ce qu'on dit ; on voit que chacun pleure ; « et il s'en rencontre même qui, passant plus avant, « vont jusqu'à proférer ces mots : Bienheureux le « sein qui vous a porté et les mamelles qui vous ont « allaité : Nous avons ouï dire de semblables paroles. »

Mais au lieu de se complaire dans les succès obtenus, le saint missionnaire se nourrissait des plus humbles pensées : « Il me souvient, dit-il, que lorsque je revenais de mission, il me semblait, approchant de Paris, que les portes de la ville devaient tomber sur moi et m'écraser ; la raison de cela est que je considérais comme si l'on m'eût dit : Tu t'en vas et voilà d'autres villages qui attendent de toi le même secours que tu viens de donner à celui-ci et à cet autre. Et tu t'en vas, tu les laisses là ! »

On a vu que Mme de Gondi avait été, en partie du moins, l'instrument de la divine Providence, dans la prédication de la première mission. A la vue de tous les prodiges accomplis sous ses yeux, cette grande chrétienne ne se contenta pas d'une stérile admiration. Elle fit une œuvre des plus méritoires, des plus dignes de tenter la charité intelligente des familles opulentes. Elle constitua un capital de seize mille livres, pour que la rente en fût employée à donner, chaque année, une mission dans les diverses paroisses de ses domaines. Tous les pécheurs convertis, toutes les âmes sauvées par une mission établie à perpétuité, quelle couronne devant Dieu pour le fondateur ! Et toutes les missions prêchées, dans nos campagnes, depuis qu'il en a donné l'exemple, tout le bien qui en a été le fruit, quelle couronne pour notre saint !

La Providence, en inspirant à la pieuse comtesse cette fondation, préparait, à l'insu de la fondatrice elle-même, une des grandes créations de saint Vincent de Paul. Nous verrons plus loin comment de cette salutaire pensée de Mme de Gondi, naquit la congrégation de la Mission.

CHAPITRE IX

CHATILLON ET LES CONFÉRENCES DE CHARITÉ (1617)

Nous avons dit plus haut que M. Vincent avait quitté pendant quelque temps la maison de Gondi. Son humilité excessive lui faisait croire qu'il était un obstacle au bien. Il n'avait rien voulu exécuter pourtant sans consulter M. de Bérulle; et celui-ci, reconnaissant que Dieu se plaisait à conduire lui-même cette âme droite et forte, lui avait permis de suivre ce qui paraissait un mouvement de la grâce.

Ce fut au mois de juillet 1617 que Vincent s'éloigna d'une maison où il était tant aimé. La Providence le conduisit à l'extrêmité de la France, à Châtillon-les-Dombes, au milieu des montagnes du Jura. Il y exerça les fonctions de curé pendant quatre ou cinq mois, après lesquels les instances de ses amis et l'autorité de son directeur le ramenèrent dans la famille de Gondi.

Pendant ces quatre ou cinq mois, il fut une seconde fois le pasteur modèle. Sa paroisse et toute la contrée voisine avaient été ravagées par le protestantisme. Il eut la consolation de ramener au giron de l'Eglise grand nombre d'hérétiques.

Là aussi il opéra une conversion qui eut un grand retentissement. Le comte de Rougemont était un grand seigneur de la cour; il possédait d'immenses domaines dans la Bresse. Par ses duels il s'était fait une triste célébrité. Saint Vincent trace de ce gentilhomme le portrait que voici : « C'était un grand « homme, bien fait, franc éclaircisseur et grand duel« liste, appelant en duel tous ceux qui n'allaient pas « droit avec lui. Il me l'a dit, et il n'est pas imaginable « combien il a battu, blessé et tué de monde. » Ce terrible chevalier ne résista pas à la parole de notre saint. Il se convertit et ne le fit pas à moitié. Son château devint l'asile des pauvres, un véritable hospice. Il voulait vendre tous ses biens : son prudent directeur l'en empêcha. Un trait fera mieux comprendre toute la générosité de cette âme. C'est saint Vincent lui-même qui le raconte : « Un jour allant en voyage, et s'occupant de Dieu le long du chemin, à son ordinaire, le comte se demandait si depuis le temps qu'il s'était donné à Dieu, il lui était resté quelque attache. Il parcourt les affaires, les alliances, la réputation, les grands et les petits amusements du cœur humain : il tourne, il retourne ; enfin il jette les yeux sur son épée. Pourquoi la portes-tu ? se dit-il à lui-même. Quoi ! quitter cette épée qui t'a servi en tant d'occasions, et qui, après Dieu, t'a tiré de mille et mille dangers ? Si on t'attaquait encore tu serais perdu sans elle. Mais aussi il peut arriver quelque occasion, où tu n'auras pas la force, portant une épée, de ne t'en pas servir, et tu offenseras Dieu de rechef. Que ferai-je donc mon Dieu ! Que ferai-je ? Je ne trouve que cette épée seule qui m'embarrasse ! Oh ! je ne serai plus si lâche que de la porter ! Et en ce moment, se trouvant vis à vis d'une grosse pierre, il descend de cheval, prend cette épée, la rompt et met en pièces sur cette pierre, et puis remonte à cheval et s'en va. Jamais plus il n'eut d'affection à chose périssable. »

Ce fut à Châtillon que saint Vincent commença une des grandes œuvres de sa vie. Un jour de fête, comme il montait en chaire, une bonne chrétienne l'arrête au passage. Elle expose au charitable pasteur qu'une famille de la paroisse se trouve dans la plus grande détresse. Il s'agit d'une famille de cultivateurs dont tous les membres sont malades en même temps ; personne pour les soigner ; leur indigence est complète. Vincent de Paul avait peut-être préparé un autre sermon ; mais tout ému par cette communication, il en fait le sujet de son entretien. Il s'attendrit ; son auditoire pleure.

Quand le saint curé eut terminé, après vêpres, son travail à l'église, il prit sans retard le chemin du village où demeurait la pauvre famille malade. O douce consolation pour le cœur du bon prêtre! Dieu avait béni ses paroles. Tout le long de la route, il rencontrait des groupes revenant d'accomplir le même pèlerinage de charité. Et personne, bien entendu, n'était allé là-bas les mains vides. Pain, vin, viandes, remèdes, vêtements, tout ce qu'il faut à des malades avait été accumulé dans la pauvre maison.

En revenant au presbytère, Vincent de Paul songeait. Il n'avait pas seulement ce ressort premier et indispensable de toute grande œuvre, une âme ardente et généreuse ; il avait aussi le génie de l'organisation, comme on le verra dans tout le reste de sa vie. Il se disait donc : voilà une charité bien touchante en vérité, mais mal faite ; ces pauvres gens maintenant ont du superflu ; les provisions apportées vont s'altérer et, dans quelques jours, si l'on n'y veille pas, recommencera la gêne.

Le lendemain, les meilleures paroissiennes de Châtillon étaient convoquées au presbytère. Le bon pasteur leur exposa ses idées : elles devaient se constituer en association (on dirait aujourd'hui en comité), dans le but de provoquer et régulariser les secours à apporter à tous les pauvres malades de la localité, et se charger elles-mêmes de donner à ces membres souffrants de Jésus-Christ les soins indispensables. Ainsi fut fait ; ainsi fut établie la première *confrérie de charité pour l'assistance des pauvres malades*. Plus tard on a pris l'habitude de dire vulgairement : *les dames de charité*.

A partir de ce moment, partout où Vincent de Paul allait donner une mission, il établissait la nouvelle confrérie. Ce fut d'abord exclusivement dans les villages. Mais il arriva que de nobles et riches Parisiennes, trouvant sur leurs terres cette belle œuvre établie et admirant le bien qu'elle y faisait, se demandèrent pourquoi la grande ville ne jouissait pas d'un pareil bienfait. C'est là surtout que l'œuvre paraissait nécessaire, dans les quartiers déshérités, où languissent des malades privés de soins, des vieillards délaissés, des petits enfants mal nourris. Ces excellentes dames s'en ouvrirent aux curés de Paris, les curés en parlèrent à Vincent de Paul et bientôt l'œuvre naissait dans presque toutes les paroisses ; c'étaient comme autant de foyers de dévouement qui allaient s'allumant successivement sur tous les points de la capitale. Les dames de la cour ne furent pas les dernières à s'enrôler.

L'exemple de Paris fut bien vite imité par la province. Cela prenait partout comme sous l'action d'un courant électrique dont la première étincelle était le cœur d'un saint.

L'établissement de la confrérie à Mâcon eut lieu avec des circonstances qui méritent d'être racontées.

Saint Vincent traversait par hasard cette ville ; il n'avait pas l'intention de s'y arrêter. En parcourant les rues il fut frappé du grand nombre des mendiants. Tout en eux indiquait l'extrême misère. Et chose plus triste encore, il trouva, en leur adressant la parole, leur âme dans un état plus désolant que le corps. Ils ne connaissaient rien de la religion ; plusieurs ne s'étaient jamais approchés des sacrements. Le cœur du saint prêtre ne put tenir à un pareil spectacle. Quelque affaire qui l'appelât ailleurs, il crut n'avoir rien de plus pressé que de porter remède à une aussi déplorable situation. Habitués à cet état de choses, ni les magistrats, ni les prêtres de la ville n'y prenaient garde. Mais Vincent se regardait comme l'homme des pauvres ; c'était son lot à lui dans le champ du Seigneur. Il se mit donc à l'œuvre ; les pères de l'Oratoire lui offrirent à cette fin l'hospitalité pour quelques semaines.

Dès qu'on vit ce prêtre étranger entreprendre de réunir les pauvres de la ville, de leur faire le catéchisme, de les confesser, de leur procurer tous les secours nécessaires : abri, vêtements, nourriture ; on prit cet inconnu pour un fou. On le montrait au doigt en riant. Peut-être ceux qui avaient à rougir de n'avoir point osé eux-mêmes ce qu'ils lui voyaient entreprendre n'étaient pas les derniers à provoquer les critiques et les railleries. Ces déboires, loin de décourager le saint, étaient pour lui un aiguillon. Il rentrait heureux dans sa cellule de l'Oratoire quand il avait ainsi été tourné en dérision.

Mais après avoir ri on admira. L'œuvre réussit entièrement. Toutes les personnes notables de Mâcon voulurent y contribuer. Au lieu d'une confrérie, le saint en établit deux : une pour les hommes et une pour les femmes. Elles eurent assez de ressources pour nourrir trois cents pauvres et fournir aux besoins des malades.

Quand on vit un si merveilleux résultat, quand on vit les pauvres, au lieu de courir déguenillés dans les rues, être convenablement pourvus des objets nécessaires à la vie, l'enthousiasme éclata de toutes parts sur les pas du saint auteur d'une pareille transformation. Les administrateurs de la cité lui préparaient une ovation. Il s'y déroba en quittant secrètement Mâcon.

Comme il était sur le point de partir, de grand matin, les pères de l'Oratoire entrèrent dans sa chambre pour le saluer. Ils surprirent leur hôte avant qu'il eût eu le temps de mettre la chambre en ordre, comme il faisait les autres jours. On s'aperçut que les matelas étaient à terre et que le saint couchait sur la paille. Celui-ci embarrassé de se voir ainsi découvert, chercha quelque prétexte. Mais les Pères restèrent également édifiés de son humilité et de son esprit de mortification.

Les confréries et associations de dames de Charité sont une des œuvres de Vincent de Paul les plus dignes d'être bénies. Le règlement de ces dames les oblige à préparer elles-mêmes les aliments des pauvres, à les leur apporter, à faire leur lit, *à être comme des mères près d'un enfant souffrant*. Au lieu de conduire le pauvre à l'hôpital, c'est l'hôpital en quelque sorte qui vient au pauvre. La charité à domicile laisse le malheureux malade jouir de la compagnie et de l'affection des siens; elle respecte les liens de la famille, c'est-à-dire l'ordre établi par Dieu même.

CHAPITRE X

LES GALÈRES

M. de Gondi n'avait pas seulement sur ses terres des milliers de serviteurs à offrir au zèle du saint prêtre dont la présence au sein de sa famille était une si précieuse bénédiction du ciel; il était aussi, nous l'avons dit, général des galères de France. Par là Vincent de Paul eut l'occasion d'étendre sa charité à tout un peuple de malheureux.

Même à notre époque, les lieux de correction sont témoins de bien des souffrances qui viennent s'ajouter à la peine régulière et que ne soupçonnent pas ceux à qui certains dehors suffisent pour avoir l'esprit en repos sur le sort des autres. C'est le résultat inévitable de la force des choses, et nous faisons cette observation uniquement pour qu'on lise avec indulgence ce que nous allons dire d'un temps qui n'est plus.

On appelait donc *galères*, à cette époque, les navires de l'État sur lesquels les condamnés enchaînés remplissaient les fonctions de rameurs. La nature et la gravité du crime nécessaire pour encourir cette peine n'étaient pas, comme aujourd'hui, rigoureusement déterminées; c'était un peu laissé à la discrétion des juges. Quand la sentence avait été prononcée, le condamné n'était pas immédiatement envoyé à un port de mer et embarqué sur une galère. On le gardait dans des prisons destinées à cet usage, jusqu'à ce que le nombre des condamnés fût assez grand pour former *une chaîne*. Ils étaient, en attendant, entassés dans des cachots humides, sombres, bientôt infects. On avait l'air d'oublier qu'ils existassent, si ce n'est pour leur apporter la ration de nourriture strictement nécessaire. D'ailleurs, aucune mesure de propreté ; la vermine les dévorait; aucun soin dans leurs maladies, presque aucun secours religieux ; rien ne venait apporter dans ces ténébreux réduits un rayon de lumière.

Ils ne sortaient de là, pour retrouver l'air et le jour qu'enchaînés deux à deux par le cou à une longue barre de fer et le boulet aux pieds Ainsi enfilés et marchant sous le fouet, ils se rendaient à leur destination : Marseille le plus souvent. Là on les faisait monter dans une galère, on leur indiquait un banc ; une solide chaîne les fixait à cette place et ils n'en bougeaient plus, fussent-ils encore plus malades. Ajoutez à cela les mille maux que l'homme s'applique à faire souffrir à l'homme : les vexations des gardiens, les mauvais traitements immérités, les méchancetés des compagnons d'infortune, les paroles grossières, les blasphèmes, et vous n'aurez qu'une idée encore imparfaite de cette sorte d'enfer terrestre.

Notre siècle revendique comme une de ses gloires l'amélioration du sort des condamnés. C'est là, en effet, une louable préoccupation, pourvu toutefois que la miséricorde n'émousse pas tellement le glaive de la ustice que ce glaive méprisé cesse d'inspirer au méchant une juste terreur. Dans cette voie où nous pousse l'adoucissement des mœurs, comme dans tant d'autres saint Vincent de Paul a été un précurseur.

Quand il accompagnait M. de Gondi aux galères, comment, avec son cœur si compatissant, aurait-il pu voir d'un œil sec de telles misères ? Pour donner à sa charité et à son zèle la liberté de se déployer sans entrave administrative, sans conflit de juridiction, M. de Gondi lui fit obtenir du roi Louis XIII le titre d'aumônier général des galères. A partir de ce moment, les galériens devinrent comme les enfants les plus chéris de sa famille.

Il fallait d'abord, et ce n'était pas chose facile, gagner la confiance de ces hommes devenus farouches sous la double influence de leurs instincts mauvais et des rigueurs de leur situation. Saint Vincent prouva que la charité peut amollir les cœurs les plus durs. Quand il entrait dans un des tristes cachots d'attente, ou quand il montait dans une galère, voici sa conduite racontée par lui même. « Les forçats, dit-il, avec lesquels j'ai demeuré ne se gagnent que par la douceur. « Je les louais de leur résignation, je plaignais leurs « souffrances, je leur demandais de me conter l'his« toire de leurs malheurs ; je leur disais qu'ils faisaient « leur purgatoire en ce monde ; *je baisais leurs chaînes*. « Quand j'avais ainsi compati à leur affliction, ils don« naient gloire à Dieu et se mettaient en état de salut. » Si quelques-uns de ces pauvres enchaînés avaient à se plaindre de châtiments iniques, le saint aumônier se faisait leur avocat auprès des chefs ; si d'autres lui semblaient mériter une grâce, aucune démarche ne lui coûtait pour la leur obtenir. Il quêtait de toute part en faveur de ses galériens. Toutes les douceurs compatibles avec les sévérités du règlement, il se faisait un vrai bonheur de les leur procurer. Il était le secrétaire de tous ces malheureux, intermédiaire dévoué entre eux et leur famille.

Un jour, il fit sur ces galères un de ces actes héroïques qui assurent l'immortalité à une mémoire. Le fait, quelque invraisemblable qu'il puisse paraître, est rapporté par plusieurs des historiens de notre saint. Il parlait avec un jeune forçat; celui-ci lui racontait son histoire. C'était un père de famille; la pensée de sa jeune femme et de ses enfants laissés dans la misère lui faisait verser des larmes amères. Pour quelle cause avait-il été enchaîné, on ne le sait pas au juste, parce que saint Vincent ne parla jamais de cet épisode, trop glorieux pour lui, de son ministère auprès des forçats. Toujours est-il que le condamné pouvait être délivré si un autre se substituait à lui. Le saint prêtre essaya d'abord toutes les démarches, il employa toutes les sollicitations. Tout ayant échoué, il n'hésita pas à prendre la chaîne du galérien et à renvoyer celui-ci à sa famille. Pendant plusieurs jours le charitable libérateur traîna le boulet, fit la manœuvre comme les autres forçats. Il fallut du temps avant que l'émotion produite par cet acte extraordinaire, et peut-être l'intervention de M. de Gondi, fissent cesser le supplice de l'héroïque aumônier. Il garda jusqu'à la fin de sa vie la trace des souffrances endurées pendant ces jours de glorieuse humiliation. La chaîne et le boulet aggravèrent notablement son infirmité des jambes.

Les forçats malades étaient surtout l'objet des soins de Vincent de Paul. La pensée qu'ils souffraient, *qu'ils tremblaient la fièvre*, enchaînés sur la paille pourrie d'un cachot ou sur les bancs d'une galère, lui ôtait tout repos. Il fit tant de pas et de prières, il sut intéresser tant de personnages influents, qu'à la fin il obtint ce qu'il désirait : la création d'hôpitaux spécialement affectés aux galériens malades. Un de ces hospices fut établi à Paris. Quand le saint s'y trouvait, il habitait aussi souvent sous le toit de cet hôpital que dans l'hôtel de Gondi. De riches fondations provoquées par ses demandes pourvurent d'une manière stable à l'entretien de ces utiles établissements. Le roi Louis XIII se fit lui-même le fondateur de l'hôpital des Galériens de Marseille. Le saint se préoccupa aussi d'assurer à ses chers forçats des soins dévoués, maternels. Et pour cela, il ne fut pas embarrassé, quand il eut créé la congrégation admirable des sœurs de la Charité. Ces saintes filles acceptèrent avec joie et continuent encore à remplir auprès de ces membres dégradés de la société le ministère de miséricorde inauguré par Vincent de Paul. « Elle les soigne, di« sait Mlle Legras, en parlant d'une sœur employée à « cet office, avec une patience et une douceur inalté« rables. Souvent ces malheureux jettent à terre les « aliments qu'elle leur apporte ; elle les ramasse sans « mot dire, leur montre aussi bon visage qu'aupa« ravant ; elle empêche les gardiens de les frapper ; « elle ne cesse de quêter pour subvenir à leurs « besoins. » En parlant ainsi, la sainte fondatrice trace le portrait non pas d'une de ses filles, mais de toutes.

Ce qui préoccupait le plus M. Vincent, c'était le besoin de regénérer des âmes dans lesquelles l'image de Dieu était si lamentablement défigurée. Il donnait donc, sur les galères mêmes, les exercices de la mission. Quelquefois il passait succesivement pour cela sur toutes celles d'un même port. D'autres fois il s'associait de bons religieux ; les missionnaires se partageaient la besogne, ils se mettaient deux dans chaque galère. Là ils faisaient le catéchisme aux pauvres enchaînés, s'asseyaient à leurs côtés pour entendre leurs confessions générales. On dressait un autel au milieu du vaisseau, on y célébrait les divins mystères, et au moment de la communion, spectacle attendrissant, le Dieu de l'Eucharistie faisait lui aussi le tour de la galère, se donnant à chacun de ces infortunés, comme il se donne aux plus grands d'ici-bas.

Quand Saint Vincent de Paul eut établi la communauté des prêtres de la Mission, il leur fit donner par ordonnance royale l'aumônerie générale des galères. Il voulut ainsi que ses fils fussent à perpétuité les apôtres des galériens, comme ses filles en étaient déjà les servantes.

Nous avons entendu raconter par des missionnaires que nulle part ils n'avaient reçu plus de consolations que dans les bagnes. La parole de Dieu y fait l'effet d'une eau rafraîchissante, tombant sur les lèvres brûlantes d'un réprouvé. Elle y excite un sentiment de reconnaissance mêlée de confusion ; les larmes coulent facilement, les conversions sincères ne sont pas rares. Notre siècle, nous le disions en commençant ce chapitre, rêve la réhabilitation du coupable. Voilà le moyen ; il n'y en a pas d'autres.

CHAPITRE XI

LA VISITATION ET LA MAISON DE SAINTE-MADELEINE

Toutes ces œuvres avaient nécessairement attiré sur l'humble prêtre l'attention du monde religieux de la capitale. D'éclatants témoignages de la vénération publique lui arrivaient de toutes parts.

Saint François de Sales l'avait vu dans un voyage à Paris, et il avait prononcé ces remarquables paroles : « Je ne connais pas d'homme plus sage et plus ver- « tueux que M. Vincent. » De son côté Vincent de Paul disait du saint évêque : « La première fois que « je le vis, je reconnus en son abord, en la sérénité « de son visage, en sa manière de converser et « de parler, une image bien expresse de la douceur « de Notre Seigneur Jésus-Christ qui me gagna le « cœur. »

Saint François de Sales, de concert avec la vénérable mère de Chantal, avait fondé à Paris un monastère de religieuses de la Visitation. Les deux saints fondateurs choisirent pour directeur d'une maison qui leur était si chère le pieux précepteur de la famille de Gondi. C'était un témoignage bien flatteur de confiance, quand on fait attention d'une part, à la modeste situation occupée par Vincent de Paul, d'autre part, au grand nombre d'ecclésiastiques distingués, de religieux estimés dont Paris était alors justement fier. Il fallut l'autorité de l'archevêque pour décider M. Vincent à accepter cette charge et à dérober quelques-uns de ses instants au pauvre peuple..

Il n'entre pas dans notre plan de dire combien fut sage et appréciée la direction donnée par notre saint à la famille religieuse dont il fut ainsi comme le second père. Appelé par la Providence à fonder, lui aussi, une nouvelle congrégation de vierges consacrées à Dieu, il s'exerçait au maniement de ces âmes d'élite.

Déjà Dieu commençait à honorer la vertu de son serviteur ; d'après le témoignage des religieuses, les prières de leur saint directeur eurent plusieurs fois une efficacité extraordinaire, ne craignons pas de dire miraculeuse.

Un jour une sœur domestique était malade, le saint directeur monta à l'infirmerie pour la voir. « Je serais bien aise de mourir, lui dit la malade. » — « O ma sœur, répondit-il, il n'est pas temps encore. » Et s'approchant, il lui fit avec le pouce une croix sur le front. A l'instant la malade fut guérie.

Sainte Jeanne de Chantal avait une vénération singulière pour le saint prêtre directeur de ses filles de Paris. Après la mort du bienheureux évêque de Genève, elle mit toute sa confiance en M. Vincent; elle suivait ses avis pour sa propre conduite, elle le consultait et ne consultait que lui sur les affaires générales de la Visitation. A la mort de la sainte fondatrice arrivée en 1641, Vincent de Paul fut encore honoré de Dieu d'une grâce miraculeuse. En apprenant la maladie de la vénérable mère, il s'était mis en oraison pour elle. « Tout à coup, c'est lui-même qui le raconte, il lui apparut un petit globe, comme de feu, qui s'élevait de terre et s'alla joindre en la région supérieure de l'air à un autre globe plus grand et plus lumineux, et les deux réduits en un s'élevèrent plus haut et entrèrent dans un autre globe infiniment plus grand ; et il lui fut dit intérieurement que le premier globe était l'âme de la digne mère, le second l'âme du bienheureux évêque et l'autre l'essence divine. » Cette vision de Vincent de Paul contribua à la canonisation de Saint François de Sales.

Les religieuses de la Visitation ne furent pas les seules à demander lumière et chaleur au flambeau de sainteté que Dieu allumait ainsi au milieu de Paris. Bien d'autres communautés eurent recours au dévouement de M. Vincent. Le récit des services rendus à tant de couvents d'hommes et de femmes nous entraînerait trop loin. Pourtant parmi les œuvres de ce genre entreprises par le saint, vers cette époque, il en est une que nous devons signaler, parce qu'elle entre mieux dans la tendance générale de cette belle vie constamment tournée vers les besoins des petits, des délaissés.

Saint Vincent alla chercher le bien à faire jusque dans les bas-fonds non seulement de la misère, mais encore du vice. Le plus grand malheur de la pauvreté n'est pas de manquer de pain et d'être couverte de haillons, c'est d'être exposée à des séductions honteuses. Mais la charité chrétienne sait compatir à toutes les déchéances et travailler à toutes les réhabilitations. Sous son inspiration les mains pures et dévouées des saints ont élevé la maison de refuge.

Depuis quelques années il existait une maison de ce genre à Paris, asile ouvert aux malheureuses qui voulaient sortir du bourbier. Elle était située près du Temple et portait le nom bien choisi de Sainte-Madeleine. Malheureusement, dans cette maison, le bon ordre laissait beaucoup à désirer. Le personnel préposé à la direction de l'établissement n'avait pas les qualités requises pour une œuvre aussi difficile. C'est alors qu'intervint saint Vincent de Paul. Il lui sembla que le remède était de placer des religieuses à la tête de la maison. S'il avait eu déjà sous la main la glorieuse phalange des Filles de la Charité, leur place eût été là. Mais les sœurs de Charité n'existaient pas même encore dans la pensée de leur père. M. Vincent songea à la Visitation. Il eut beaucoup de peine, et on le comprend, à faire agréer la proposition. Mais il insista, il pria et la chose se fit. En l'année 1629, quatre visitandines vinrent s'établir à la Madeleine, l'une en qualité de prieure, les autres comme directrice, économe et portière.

Sous l'action des nouvelles directrices et de leur père spirituel, la grâce opéra dans ces âmes de merveilleuses transformations. Comme des perles couvertes de limon qui n'avaient besoin que d'être lavées pour briller du plus vif éclat, un grand nombre de pensionnaires de Sainte-Madeleine devinrent de vraies saintes. Elles entraient dans le refuge quelquefois par suite de leur dénûment absolu, quelquefois même par force ; et après quelques années passées dans cette atmosphère nouvelle, elles étaient assez avancées en vertu, on était assez sûr de leur constance dans le bien, pour qu'il leur fût permis de faire les trois vœux ordinaires de la vie religieuse.

L'exemple de la Madeleine de Paris fit naître des maisons semblables dans la province. Il y en eut deux à l'érection desquelles saint Vincent travailla plus particulièrement : celles de Rouen et de Bordeaux.

La maison de Paris ne pouvait recueillir qu'une centaine de pénitentes. Sur la fin de sa vie, Vincent de Paul conçut le projet de bâtir un grand asile dont on pourrait ouvrir les portes à toutes les femmes perdues qui se sentiraient touchées de la grâce du repentir. La mort ne lui laissa pas le temps de mettre cette généreuse pensée à exécution.

CHAPITRE XII

LA CONGRÉGATION DE LA MISSION AU COLLÈGE DES BONS-ENFANTS (1625-1632)

Le moment était venu où Vincent de Paul allait mettre la main aux œuvres capitales de sa vie, aux œuvres qui devaient le plus faire bénir son nom par la postérité.

Parmi les saints, l'Eglise accorde un rang d'honneur aux fondateurs d'ordres. Ils ont leur statue dans la basilique de Saint-Pierre au Vatican, et l'humanité leur doit aussi une place à part dans sa reconnaissance. En effet ils ne sont pas les saints d'un pays ou d'un siècle ; leur action bienfaisante s'étend partout où un de leurs enfants porte ses pas ; elle se perpétue autant que dure leur famille religieuse.

Parmi les statues de ces grands hommes, on voit au Vatican celle de notre saint. Cette couronne de fondateur d'ordre orne le front si humble, si prompt à s'incliner jusqu'à terre, de M. Vincent. Il l'a même méritée deux fois ; car il a créé deux familles religieuses : une congrégation d'hommes et celle des Filles de la Charité. Racontons d'abord l'origine de la première.

« Le bien que Dieu veut, dit saint Vincent, se fait de « lui-même sans qu'on y pense ; c'est ainsi que notre « congrégation a commencé. » Sa réputation avait décidé quelques jeunes prêtres à se placer sous sa direction, à se donner à lui, pour qu'il les menât dans les missions, qu'il les employât à ses autres œuvres. D'un autre côté, Mme de Gondi n'avait pas encore trouvé un ordre religieux disposé à accepter son don de seize mille livres pour fonder à perpétuité une mission annuelle dans chacune de ses terres successivement. Pourquoi, disait-elle, M. Vincent ne réunirait-il pas en communauté les quelques prêtres devenus spontanément ses collaborateurs et n'accepterait-il pas en leur nom l'œuvre désirée ? C'est ce que M. Vincent appelait dans le style de son humilité : « Mettre la somme « à la disposition de ce misérable. » M. de Gondi ne se contenta pas d'approuver l'excellente idée que Dieu suggérait à la pieuse comtesse ; il voulut contribuer à l'établissement projeté ; la dotation fut portée à quarante mille livres. De plus il demanda à son frère, l'archevêque de Paris, de donner à l'entreprise l'approbation canonique.

Il existait alors, à l'extrémité sud-est de Paris, près de la porte Saint-Victor, un vieux collège inoccupé. Il comprenait une chapelle extrêmement pauvre, un corps de logis en mauvais état, et, comme dépendances, quelques masures à demi ruinées. On l'appelait le collège des Bons-Enfants. L'archevêque de Paris mit cet édifice à la disposition de M. Vincent et de ses compagnons.

Ce fut en 1625 que Vincent de Paul, à l'âge de cinquante et un ans, quitta la maison de Gondi pour s'installer dans ce nouveau séjour. Après avoir, depuis vingt-six ans qu'il était prêtre, comme cherché sa voie ici bas, il trouvait sa vraie place ; il entrait dans sa vraie mission providentielle.

De tous les prêtres qui l'avaient, par occasion, aidé dans ses travaux de missionnaire, un seul consentit d'abord à entrer aux Bons-Enfants. Le nom de cet enfant chéri de Vincent de Paul, et son unique compagnon, pendant quelques mois, doit être ici prononcé : c'était M. Portail, prêtre du diocèse d'Arles. Il y avait déjà plus de douze ans qu'il s'était donné au saint et l'aidait dans toutes ses œuvres.

« Ils allaient donc, dit Abelly, nous dépeignant la vie des deux saints prêtres en ces premiers jours, ils allaient de village en village, catéchiser, exhorter, confesser et faire les autres exercices de la mission, avec simplicité, humilité et charité, à leurs propres dépens, sans demander ni même vouloir recevoir aucune chose de personne. Et comme ils n'avaient pas le moyen d'entretenir des serviteurs qui demeurassent pour garder le collège, en leur absence, quand ils partaient pour aller en mission, ils en laissaient les clés à quelqu'un des voisins. »

« Nous allions, dit le saint lui-même, tout bonne-
« ment et tout simplement évangéliser les pauvres ; et
« Dieu faisait de son côté ce qu'il avait prévu de toute
« éternité. Il donna quelque bénédiction à nos tra-
« vaux ; ce que voyant, d'autres bons ecclésiastiques se
« joignirent à nous, non pas tous à la fois, mais en di-
« vers temps. O Sauveur ! qui eût jamais pensé que
« cela fût venu en l'état où il est maintenant ? Qui
« m'eût dit cela pour lors, j'aurais cru qu'il se serait
« moqué de moi. Ni moi, ni le cher M. Portail n'y pen-

« sions pas. Hélas ! nous en étions bien éloignés. »

Dès l'année 1626, deux bons prêtres de la Picardie, François du Coudray et Jean de La Salle, vinrent s'offrir à M. Vincent pour vivre et travailler sous sa conduite. Nommons encore quatre autres des premiers fils de saint Vincent : Jean Bécu, du diocèse d'Amiens ; Antoine Lucas, de Paris ; Jean Brunet, de Riom en Auvergne ; Jean d'Horgny, du diocèse de Noyon.

A mesure que le nombre des prêtres augmentait, on se soumettait aux pratiques ordinaires de la vie religieuse. Il n'y avait pas d'ailleurs de règle écrite. Tout se faisait par obéissance au saint supérieur, et d'un accord unanime. Pour rédiger plus tard, les constitutions de la congrégation, on n'eut qu'à exposer le genre de vie suivi dès le commencement. Cette petite compagnie fut érigée en congrégation par une bulle du pape Urbain VIII, en 1632, sous le titre de congrégation de la Mission. La même bulle imposait à M. Vincent la charge de supérieur général ; sans cela, il ne l'eût jamais acceptée.

Le but de la nouvelle congrégation était l'évangélisation du peuple des campagnes. Le saint fondateur interdit à ses prêtres la prédication dans les grandes villes. Pendant les sept années de séjour au collège des Bons-Enfants, Vincent de Paul donna, par lui ou par les siens, cent quarante missions ; quelques-unes dans le dénuement le plus complet de toute ressource matérielle ; les missionnaires étaient souvent obligés de coucher sur la paille.

Ce qu'il recommande le plus à ses prêtres, c'est l'humilité. Il faut se regarder comme les derniers de tous :

« Humilions-nous, dit-il, de ce que Dieu a jeté les yeux « sur cette petite compagnie pour servir son Église, si « toutefois on peut appeler compagnie une poignée « de gens pauvres de naissance, de science et de vertu, « la lie, la balayure et le rebut du monde. » Quand ils assistent à une assemblée ecclésiastique, ils doivent se mettre à la dernière place.

Avant de commencer leur œuvre, les missionnaires doivent demander la bénédiction du curé de la paroisse, et, en son absence, du vicaire. Le saint leur recommande expressément de ne rien faire, et, comme il disait, de ne pas même remuer une paille, sans l'agrément du pasteur.

Dans la maison de la communauté, il faut garder le silence le plus complet. « Les missionnaires, disait Vincent de Paul, doivent être comme des chartreux dans leurs maisons et comme des apôtres au dehors. »

Il leur recommandait aussi l'union en ces termes : « N'ayez donc qu'un même sentiment et une même « volonté. Autrement ce serait faire comme des che- « vaux, lesquels, étant attelés à une charrue, tireraient « les uns d'un côté, les autres d'un autre. »

Lui-même donnait l'exemple de la charité fraternelle, comme de toutes les vertus d'un bon religieux. Un de ses prêtres lui exprimait l'envie de quitter la congrégation : « Si vous en sortez, disait le saint, j'aurai autant de peine que si on me coupait un bras ou une jambe. » On pouvait aller à toute heure lui demander conseil. Un prêtre lui témoignait la crainte de se rendre importun par ses visites trop fréquentes. « Non, lui dit le bon supérieur, sachez une bonne fois qu'une personne que Dieu a destinée à aider quelque autre ne se trouve pas plus chargée de ses demandes que le serait un père à l'égard de son enfant. »

Il avait un soin tout particnlier des malades. Il ne voulait qu'il ne leur manquât rien. Il disait souvent qu'il ferait vendre jusqu'aux calices pour les assister.

Un missionnaire qui travaillait en Champagne, demandait entre autres choses qu'on lui envoyât une calotte. On chercha dans la maison et on n'en trouva pas. « Tenez, dit le saint en ôtant la sienne, envoyez-« lui celle-ci. Il ne faut pas le faire attendre, il peut en « être pressé pour sa santé. »

Quand ses ordres n'étaient pas exécutés, voici comment il reprenait le désobéissant. « Monsieur, ou mon frère, peut-être que si vous aviez fait cela en la manière que je vous avais prié, Dieu y aurait donné sa bénédiction. »

Pourtant il savait aussi, quand il le fallait, faire respecter son autorité. Il commanda, un jour, à un des prêtres les plus anciens et les plus réguliers de reposer le lendemain matin, parce qu'il l'avait fait veiller fort tard. A l'heure ordinaire, le bon religieux faisait son oraison avec les autres. M. Vincent l'aperçoit; il lui adresse une sévère réprimande et le fait tenir fort longtemps à genoux à la porte de l'église.

Il avait aussi le grand moyen des saints pour entretenir l'esprit de ferveur dans sa congrégation. Dans une maison, survint un léger désordre. Quand M. Vincent en fut informé, il prit, pendant toute une semaine, la discipline deux fois chaque nuit. Ce ne fut qu'après cette rigoureuse expiation qu'il entreprit de remédier au mal, et ses efforts eurent un plein succès.

Un grand danger menaça, à sa naissance, la nouvelle congrégation. La plus insidieuse et la plus tenace des hérésies, le jansénisme, se propageait alors clandestinement en France. L'erreur cherchait surtout à pénétrer dans les maisons religieuses. De doctes et saint personnages furent fascinés. Or le plus célèbre des disciples de Jansénius, le trop fameux abbé de Saint-Cyran, était le compatriote et l'ami de Vincent de Paul. Quelle bonne fortune pour la secte, si l'on pouvait faire la conquête d'un prêtre si généralement estimé comme saint, et par lui la conquête de sa communauté ! Ces missionnaires appelés à prêcher de tous côtés auraient ainsi semé partout le venin des maximes nouvelles. On comptait sans le ferme bon sens de M. Vincent. Tant que l'abbé novateur lui parla de vertu, d'austérité, de la sainteté des premiers chrétiens, l'humble saint buvait la parole de son éloquent interlocuteur. Mais dès que Saint-Cyran se vantait d'entendre mieux les Écritures que l'Église, surtout dès qu'il se permit d'attaquer le saint Concile de Trente, Vincent s'éleva avec une respectueuse hardiesse contre de telles témérités.

Un jour M. Vincent, après avoir célébré la messe, alla visiter son dangereux ami. Il le trouva enfermé dans son cabinet. « Avouez, Monsieur, lui dit le saint toujours bon et toujours confiant, que vous venez d'écrire quelque chose de ce que le bon Dieu vous a donné en votre oraison du matin. » Je vous confesse, répondit l'abbé, que Dieu m'a donné et me donne encore de grandes lumières. Il m'a fait connaître qu'il n'y a plus d'Église. L'Église était comme un grand fleuve qui avait ses eaux claires; maintenant ce n'est que de la bourbe. » — « Quoi, Monsieur, répliqua M. Vincent, voulez-vous plutôt croire vos sentiments particuliers que la parole de Notre-Seigneur Jésus-Christ, lequel a dit qu'il édifierait son Eglise sur la pierre et que les portes de l'enfer ne prévaudraient point contre elle? l'Église est son épouse, il ne l'abandonnera jamais. » Et il cessa dès lors des relations qui n'auraient pas tardé à devenir compromettantes.

Une autre fois, un personnage important de la secte, tâchant de le persuader et ne pouvant en venir à bout, s'emporta et lui dit qu'il était un vrai ignorant, qu'on s'étonnait comment la congrégation pouvait le souffrir pour supérieur général. M. Vincent répondit en s'humiliant qu'il s'en étonnait encore plus « parce que, dit-il, je suis encore plus ignorant que vous ne pensez. »

Saint Vincent rappelait souvent à sa communauté la grâce que Dieu avait faite à la compagnie naissante d'échapper ainsi à la contagion de l'erreur. Il en prenait occasion de recommander à ses prêtres la soumission simple et filiale à l'Église et l'horreur des livres défendus.

Il disait un jour : « Je dois bien bénir Dieu de ce qu'il n'a pas permis que les premiers d'entre ceux qui professaient le jansénisme, que j'ai connus particulièrement et qui étaient de mes amis, n'aient pu me persuader leurs sentiments. Je ne saurais dire la peine qu'ils y ont prise; mais pendant qu'ils parlaient, je récitais tout bas mon *Credo*. Et voilà comment je suis demeuré ferme en la croyance catholique. »

L'institut créé par Vincent de Paul répondait à un

des grands besoins de l'époque. Ce fut compris. Les évêques, les seigneurs appelèrent, à l'envi les uns des autres, les nouveaux religieux dans leurs diocèses ou dans leurs domaines. Les maisons de la Congrégation se multiplièrent avec une rapidité étonnante. On vit s'établir successivement celles : de Richelieu, par les soins et sur les terres du célèbre cardinal; de Luçon; de Troyes; de Genève, sur la demande de sainte Chantal; de Meaux; de Rome; de Sainte-Livrade en Agenais; de Marseille; de Cahors; de Sedan; de Montmirail en Brie; de Saintes; du Mans; de Gênes; de Saint-Méen, au diocèse de Saint-Malo; d'Agen; de Montauban; de Tréguier; d'Agde; de Turin; de Narbonne. Le saint fondateur recevait chaque jour des demandes auxquelles il ne pouvait satisfaire, faute de sujets disponibles.

CHAPITRE XIII

SAINT-LAZARE (1632-1660)

Le nom de Saint-Lazare désigne maintenant, à Paris, une prison de femmes et une grande rue. Les vieux bâtiments de la maison de détention étaient alors un couvent de chanoines réguliers de saint Augustin. Les vastes dépendances du monastère s'étendaient sur tout le terrain occupé aujourd'hui par l'église Saint-Vincent de-Paul, la gare du Nord, une caserne, un hôpital et tout un quartier de la capitale. A côté de la maison d'habitation des religieux s'élevait une grande et belle église. Le chapitre de Notre-Dame-de-Paris s'y rendait chaque année processionnellement en portant les principales reliques de l'insigne métropole. C'était là ce qu'on appelait le prieuré de Saint-Lazare-lès-Paris. Il possédait de nombreuses fermes dispersées dans la campagne autour de la capitale; le prieur portait le titre de seigneur et exerçait sur tous ses domaines les droits de haute, moyenne et basse justice.

Ce riche établissement avait été primitivement fondé pour être un asile de lépreux, aux portes de Paris. Depuis que le nombre de ces malades était devenu bien moins considérable, et que les mœurs publiques ne les reléguaient plus hors des villes, le monastère se trouvait, comme bien d'autres en France, en possession d'immenses ressources sans affectation spéciale. Cette situation, pour le dire en passant, n'était pas un motif de prendre violemment à l'Église ses biens, comme le fit la Révolution. Il fallait laisser faire l'Église ; elle aurait su appliquer ses ressources aux nouveaux besoins de la société. Ce que nous allons raconter sur la transformation de Saint-Lazare en est une preuve.

Pendant que Vincent de Paul et sa petite communauté vivaient péniblement dans leur collège délabré, Dieu songeait à les établir dans la résidence princière que nous venons de décrire. Le curé de Saint-Laurent, sur la paroisse duquel était situé le prieuré de Saint-Lazare, était l'ami de saint Vincent de Paul; il avait même quelquefois travaillé avec le saint aux missions. Il fut dans cette affaire l'instrument de la Providence. Voici comment il la raconte dans un rapport écrit, sur la demande des prêtres de la Mission, après la mort de leur vénérable fondateur.

« Messire Adrien Le Bon, prieur de Saint-Lazare, eut, en l'année 1630, la pensée de quitter son prieuré. Ayant ouï parler de quelques bons prêtres qui s'adonnaient à faire des missions sous la conduite de M. Vincent, qu'il ne connaissait pas, il eut la pensée que, s'il les établissait audit prieuré, il pourrait participer aux grands fruits qu'ils faisaient dans l'Église. Il demanda où ils demeuraient et me pria comme son voisin et son bon ami, de l'accompagner, ce que je fis très volontiers, lui représentant que son projet ne pouvait venir que du ciel qui avait suscité ces bons prêtres pour le bien de la campagne ; qu'au reste il verrait un homme de Dieu, en leur compagnie, à savoir leur directeur, M. Vincent. Étant donc allés ensemble au collège des

Bons-Enfants, M. le prieur parlant à M. Vincent, lui découvrit le sujet qui l'avait amené. L'offre étonna grandement le serviteur de Dieu en qui elle fit le même effet qu'un éclat de tonnerre imprévu, qui surprend un homme et le laisse comme interdit. Le bon prieur s'en aperçut. « Eh quoi! Monsieur, lui dit-il, vous tremblez. — Il est vrai, répondit M. Vincent, que votre proposition m'épouvante. Nous sommes de pauvres prêtres, qui vivons dans la simplicité, sans autre dessein que de servir les pauvres gens des campagnes. » Il témoigna ne pouvoir accepter l'offre et s'en recula si loin qu'il pouvait ôter toute espérance. Néanmoins M. Le Bon lui donna six mois pour y penser.

« Après ce temps, il me pria de rechef de l'accompagner pour aller revoir M. Vincent. Tout ce que nous pûmes lui dire ne changea point son sentiment. Il répondit qu'il ne voulait pas faire parler de lui, que cela ferait du bruit, qu'il n'aimait pas l'éclat, qu'il ne méritait pas cette faveur. Sur cela le dîner sonna. M. le Bon dit à M. Vincent qu'il voulait dîner avec lui et sa communauté, comme en effet il dîna, et moi aussi. La modestie de ces prêtres, leur bon ordre plurent tellement à M. le prieur, il en conçut une telle vénération et un amour si grand pour eux, qu'il ne cessa de me faire solliciter M. Vincent. »

Le curé de Saint-Laurent fut obligé de se transporter trente fois aux Bons-Enfants pour essayer de persuader le trop modeste supérieur. Enfin celui-ci se rendit aux raisons qui lui furent proposées par M. André-Duval, docteur en Sorbonne, et très saint homme. L'acte de cession fut passé le 7 janvier 1632. Le négociateur termine ainsi son récit : « C'est ainsi que M. Vincent a cédé aux importunités qui lui ont été faites. Je peux bien dire qu'en cette occasion *raucæ factæ sunt fauces meæ*. J'eusse volontiers porté sur mes épaules ce père des missionnaires pour le transporter à Saint-Lazare ; mais il ne regardait pas les avantages du lieu, n'étant pas même venu le voir pendant tout ce temps-là. »

Le prieur démissionnaire se réserva le droit de finir ses jours avec ses religieux dans le prieuré cédé. Ce fut pour M. Vincent l'occasion de faire éclater sa charité. Il prodiguait les attentions et les soins à ces dignes vétérans et en particulier au prieur. Il appelait ce dernier le père de la congrégation. En arrivant de voyage son premier soin était d'aller le saluer. Une seule fois il lui fit de la peine. M. le Bon demandait à M Vincent d'user de son crédit à la cour pour obtenir la grâce d'une personne indigne de cette faveur. Le saint prêtre résista. « Est-ce ainsi, lui dit le prieur fâché, que vous reconnaissez le bien que je vous ai fait ! » — « Il est vrai, répliqua M. Vincent, que vous nous avez comblés d'honneur et de biens ; nous vous avons les mêmes obligations que les enfants ont à leur père ; mais ayez agréable, monsieur, de reprendre le tout, puisque, selon votre jugement, nous ne le méritons pas. » Quelques jours après, le prieur mieux informé alla trouver M. Vincent, et s'étant mis à genoux devant lui, lequel s'y mit en même temps, il lui fit excuse de ce qu'il avait dit et le pria de ne rien relâcher de la punition de la coupable pour laquelle il avait intercédé. Adrien Le Bon mourut en 1651. M. Vincent l'assista dans sa dernière maladie ; il lui ferma respectueusement les yeux, pria longtemps agenouillé près du lit mortuaire. Puis, se levant et s'adressant à la communauté réunie dans l'appartement : « Or sus, Messieurs, dit-il, voilà notre bon Père maintenant devant Dieu. Prenons garde de ne jamais tomber dans le misérable péché d'ingratitude envers lui et ces autres messieurs les anciens de cette maison, de qui nous sommes les enfants. »

Les nouveaux hôtes de Saint-Lazare étaient à peine installés dans le prieuré lorsqu'une maladie contagieuse se déclara. Vincent fut le plus empressé à donner aux malades les soins nécessaires. Il passait les jours et les nuits penché sur leur lit, respirant leur haleine empestée. Quelques-uns parlèrent de les transporter à l'hôpital Saint-Louis, le saint s'y opposa avec force. Il trouvait là une trop belle occasion pour lui et pour ses prêtres de pratiquer la plus grande des œuvres de charité, celle qui consiste, c'est la parole du divin Maître, à donner sa vie pour son prochain. Une pauvre femme aida à soigner quelques pestiférés. Saint Vincent n'oublia jamais ce service ; pendant plus de vingt-cinq ans, il a pourvu à la nourriture de cette femme et payé le loyer de sa chambre.

Saint Vincent, on le suppose bien, ne fut pas un propriétaire très rigoureux pour les fermiers et les tenanciers du vieux prieuré. Plutôt que d'user de contrainte à leur égard, il aimait mieux tout perdre. Plus d'une fois, quand ils ne pouvaient pas payer leurs redevances, le bon supérieur leur faisait même donner de l'argent. Quand on lui annonçait quelque perte : « Dieu soit loué », répondait-il. Il se vit enlever une ferme de la valeur de cinquante mille livres. Dès qu'on lui en apprit la nouvelle : « Béni soit Dieu, » répéta-t-il cinq ou six fois, et il alla à l'église se prosterner devant le saint Sacrement.

Il se montrait encore d'une indulgence excessive envers les maraudeurs. « On a surpris bien des fois, dit Abelly, des hommes, le larcin en main, qui dérobaient les biens de la maison de Saint-Lazare et des fermes en dépendant ; tantôt ils sciaient et enlevaient de nuit les blés, tantôt ils coupaient les chênes des bois, tantôt cueillaient et ravageaient les fruits des arbres ; et comme on voulait les mettre en prison, M. Vincent ne pouvait y consentir. Quand ils y étaient, il les en faisait sortir ; et, passant encore plus avant, il les excusait, les recevait dans la maison, les faisait manger au réfectoire, et quelquefois même il leur a donné de l'argent. »

S'il n'était pas rigoureux pour exiger ses droits, il l'était pour payer ses dettes. Quand un créancier venait à Saint-Lazare : « Pourquoi vous déranger ? » lui disait M. Vincent, « c'est à nous à aller vous porter ce qui vous est dû. » Quelquefois les frères envoyés en pareille commission lui objectaient que ce n'était pas l'usage d'agir ainsi, qu'on attend les créanciers lesquels savent bien réclamer. « Non, disait le saint, ce n'est pas juste de les obliger à venir chercher une chose qui leur est légitimement due. »

Saint Vincent de Paul ne se crut pas riche parce qa'il était le supérieur d'une communauté en possession de biens considérables. Il connaissait les lois de l'Église, il savait qu'il n'était que l'administrateur de cette fortune, que tous les revenus devaient être employés en œuvres pies. Il le fit voir dans une circonstance remarquable. Un des frères du saint vint du fond des Landes à Paris dans l'espérance que Vincent parvenu à une belle situation lui donnerait quelque argent. Le pauvre homme en fut pour ses peines. Vincent de Paul ne crut pas pouvoir lui donner la plus petite pièce de monnaie « parce que, disait-il, il n'avait rien à lui ».

Il ne se contentait pas de recommander à ses prêtres l'esprit de pauvreté ; il la leur faisait pratiquer en toute chose. Il voulait qu'on se contentât des habits les plus simples, que les tables fussent frugalement servies au réfectoire. Dans les mauvaises années, lorsque les vivres étaient fort chers, il regardait s'il n'y avait rien à retrancher aux portions ordinaires de vin ou de viande. Il évitait toute dépense superflue : dans l'entretien de la maison, point de construction qui ne fût absolument nécessaire, point d'enjolivement ni de peinture, point de réparation tant qu'on pouvait à la rigueur s'en passer.

Bien des saints pratiquant la pauvreté pour tout le reste, croient, par esprit de religion, devoir être magnifiques dans la décoration de la maison de Dieu. Vincent, dans le désir d'inculquer à sa congrégation l'esprit d'humilité et de pauvreté, ne voulait rien de beau, rien de riche, même pour l'église de Saint-Lazare. Les ornements sacerdotaux étaient de simple camelot. Pour fermer une chapelle, on fit une balustrade un peu trop ornée ; le saint en eut beaucoup de peine et empêcha, pendant plusieurs années, qu'on la mît en place.

Il est inutile après cela d'ajouter qu'il se refusait à lui-même tout ce qui pouvait paraître superflu. Si on le vit aller en carrosse pendant les dernières années de sa vie, ce fut parce que son infirmité des jambes allant toujours en s'aggravant le mit dans l'impossibilité absolue de marcher. Et encore ce carrosse ne fut pas acheté des deniers de Saint-Lazare ; ce fut un don de la duchesse d'Aiguillon. Le saint prêtre était tout confus de s'en servir ; il l'appelait « son infamie. »

Si l'on veut savoir à quoi furent employés les grands revenus du riche prieuré si bien tombé dans les mains de saint Vincent de Paul, les pages suivantes l'apprendront au lecteur. Autant il était parcimonieux pour lui et pour les siens, autant on va le voir prodigue pour le soulagement de toutes les infortunes.

La maison de Saint-Lazare a donné son nom à la congrégation nouvelle. Le vocable canonique a toujours été : Congrégation des prêtres de la mission. Mais le peuple s'est habitué à dire : les Lazaristes. Et en effet, Saint-Lazare fut le lieu prédestiné où la sainteté, le zèle, la charité de Vincent de Paul arrivèrent à leur plein épanouissement. Pendant vingt-huit ans, Paris eût les yeux tournés vers le vieux prieuré transformé, comme vers un phare éclatant. Là le saint gouvernait une communauté modèle ; de là il imprimait une impulsion irrésistible à toutes sortes de bonnes œuvres. On a conservé dans la prison actuelle la chambre occupée par le saint prêtre : la piété l'a transformée en chapelle. Voyageurs de Paris, n'oubliez pas ce sanctuaire.

CHAPITRE XIV

LES SŒURS DE CHARITÉ (1633)

De toutes les œuvres dont l'inspiration et la direction partirent de Saint-Lazare, nous avons à raconter maintenant la plus populaire. Nous allons, en repassant les origines de cette bénie institution, assister au spectacle si souvent présenté à notre admiration, dans l'histoire de l'Église, et en particulier dans la vie de saint Vincent de Paul : Dieu agissant à l'insu des hommes, accomplissant ses desseins, sans dire son secret, même à ceux qu'il emploie. Nous verrons encore une fois l'arbre magnifique sortir du grain de sénevé jeté par hasard dans le sol.

La congrégation des Sœurs de charité, ou plutôt des Filles de la charité, pour lui donner son nom authentique, fut un fruit des pieuses associations dont nous avons dit les commencements, des confréries de charité pour le soin des pauvres malades.

Ces confréries sous l'influence de saint Vincent de Paul, s'étaient multipliées, on l'a vu, dans toute la France. La direction d'une pareille œuvre était un grand travail. Le saint prêtre occupé déjà de ses missions, du gouvernement de sa communauté naissante et de tant d'autres travaux, sentait son impuissance. Il lui fallait un aide pour le suppléer dans sa sollicitude auprès des confréries, maintenir ces dernières dans l'esprit primitif, susciter de nouveaux dévouements, encourager et diriger les bonnes volontés, répondre aux mille questions chaque jour posées. La Providence avait préparé cet aide, et, au moment voulu, elle l'amena au devant du saint.

Vincent de Paul était encore dans la maison de Gondi, quand une jeune femme vint le prier d'être son directeur. Elle se nommait Louise de Marillac; c'était la nièce des deux Marillac, adversaires de Richelieu, et dont la disgrâce eut un si grand retentissement en 1632. L'un était maréchal de France; il fut accusé d'avoir conspiré contre le tout-puissant ministre, et périt en place de Grève. L'autre était garde des sceaux ; il fut destitué et, peu de temps après le supplice de son frère, il mourut de douleur. Louise avait épousé un secrétaire de la reine Marie de Médicis, M. Le Gras. Quand elle se présenta à M. Vincent, elle était âgée de trente-deux ans, habitait la paroisse sur le territoire de laquelle se trouvait aussi l'hôtel de Gondi, la paroisse de Saint-Sauveur. Elle venait à lui, disait-elle à son nouveau directeur, envoyée par Mgr Camus, évêque de Belley, célèbre par ses intimes relations avec François de Sales.

Il ne fallut rien moins qu'un nom aussi vénéré pour décider Vincent de Paul à accepter, contre son habitude, la direction d'une grande dame. En nous servant de cette expression, grande dame, nous parlons comme on le ferait aujourd'hui. Alors, la femme d'un secrétaire royal n'était pas d'assez haute condition pour prétendre au titre de dame; elle n'avait droit qu'à celui de demoiselle. La nouvelle pénitente de saint Vincent, la future fondatrice des

Sœurs de charité, s'appelait Mademoiselle Le Gras.

Deux ans après sa première entrevue avec M. Vincent, elle perdit son mari. Dès lors, la jeune veuve renonça à toute idée mondaine et donna pour unique but à sa vie la sainteté et les bonnes œuvres. Elle quitta le centre de Paris pour aller habiter la paroisse de Saint-Nicolas-du-Chardonnet, non loin du collège des Bons-Enfants où saint Vincent de Paul était alors occupé à jeter les fondements de la congrégation de la Mission.

Grands furent les progrès d'une âme aussi généreuse sous la direction d'un tel guide. Ce dernier s'appliquait surtout à lui enseigner, comme il l'avait fait autrefois à Mme de Gondi, que le grand moyen de plaire à Dieu, c'est de se dévouer au prochain. La pénitente, malgré la faiblesse de son tempérament, la délicatesse de sa complexion, se livrait avec ardeur à tous les travaux. Aussi la veuve de M. Le Gras devint bientôt l'intermédiaire habituel, l'interprète autorisé de Vincent de Paul auprès des confréries de charité récemment établies dans la capitale. Il l'envoya ensuite visiter les associations pareilles dispersées dans tout le royaume et en particulier dans les provinces du Nord et de l'Est.

Ces voyages de Mlle Le Gras ressemblaient à de petites missions. Elle réunissait les personnes de son sexe pour leur faire des conférences, les exhorter à la charité, à la pratique des vertus chrétiennes. Et elle le faisait si bien que les hommes eux-mêmes venaient l'entendre. Cette éloquence sortait de son cœur de sainte, sans doute; mais elle était aussi le résultat d'une éducation plus complète que celle qu'on donne de nos jours aux jeunes personnes. A l'exemple de beaucoup de femmes de son temps, Mlle Le Gras connaissait parfaitement la langue latine ; elle avait lu avec soin tous les chefs-d'œuvre de la littérature ancienne. Aussi s'occupait-elle d'une manière toute particulière des enfants. Non seulement elle leur enseignait le catéchisme, la prière ; mais encore, s'il n'y avait pas d'école dans la localité, elle travaillait à en créer une. Elle assemblait les jeunes filles, le dimanche, pour leur donner de bons conseils. Plus tard, les Sœurs de charité ont fait comme leur mère ; au soin des pauvres et des malades elle ont ajouté l'instruction des enfants, les associations de persévérance pour la jeunesse.

Tout cela fit bientôt connaître le nom de la pieuse et charitable femme. Son arrivée dans une petite ville, et même dans une grande, était un événement ; quand elle en partait, on lui faisait une ovation. Elle recueillait ainsi les prémices des acclamations qui devaient saluer partout, dans la suite, les pas de ses filles.

Si ces acclamations pouvaient inspirer quelque orgueil aux Sœurs de charité, ces filles dévouées n'auraient, comme remède à une pareille tentation, qu'à se rappeler l'humilité de leur berceau. Mlle Le Gras ne fondait pas leur institut quand elle parcourait ainsi, en triomphe, les principales villes de la Picardie et de la Champagne. Elle était quelquefois accompagnée, dans ces voyages, par des dames ou des demoiselles de son rang ; ce ne sont pas celles-ci non plus qui furent les premières Sœurs de charité. Cette congrégation à laquelle devaient apporter leur dévoument tant de jeunes filles de la noblesse et de la haute bourgeoisie, fut, dans l'origine, une simple réunion de servantes.

Il se trouva que, à Paris, les dames des confréries de charité étaient embarrassées pour donner aux malades les soins prescrits par le règlement de l'association. Ce n'est pas étonnant, si l'on songe que ces soins comprenaient : la préparation des remèdes, leur application, et même la saignée, quand elle était nécessaire. Les mains des nobles Parisiennes étaient bien peu exercées à ces divers offices ; leurs propres servantes s'en acquittaient presque aussi mal. On sentit le besoin d'avoir des personnes spécialement formées à ce genre de travail. Quand les missionnaires, dans leurs courses apostoliques, rencontraient une honnête et pieuse fille paraissant avoir de l'aptitude à ce ministère, ils se hâtaient de l'envoyer à Paris. Les diverses confréries se disputaient ces recrues; mais les sujets ne donnaient pas toujours grande satisfaction. On comprit qu'il fallait s'y prendre autrement, qu'avant d'exposer aux dangers de la capitale ces jeunes paysannes, il fallait les assujettir à une préparation sérieuse. Mlle Le Gras en fit son œuvre. Elle réunissait les nouvelles venues dans sa maison ; elle se faisait leur directrice spirituelle, leur apprenait à faire oraison, à pratiquer les vertus; elle les initiait aux secrets de la perfection chrétienne. Voilà comment, en 1632, commença la *Congrégation des Filles de la charité, servantes des pauvres malades.*

Mlle Le Gras avait agi, en tout cela, d'après les conseils de saint Vincent de Paul. C'est le bon saint qui donna des règles à la petite communauté. Il se rendait fréquemment à la maison de ces humbles filles pour leur adresser la parole, leur faire des conférences. Ces conférences ont été recueillies; elles ont donné à l'institut son esprit, son allure simple, dégagée, cette manière d'être que les générations actuelles ont trouvée tout à fait à leur goût.

« Vous aurez, leur disait-il, pour monastère ordi-
« naire une maison de malades; pour cellule, une
« chambre de louage; pour chapelle, l'église de la
« paroisse; pour cloître, les rues de la ville ou les salles
« des hôpitaux; pour clôture, l'obéissance ; pour grille,
« la crainte de Dieu et pour voile la sainte modestie. »

« Vous devez vous instruire, leur disait-il une autre
« fois, pour devenir capables d'enseigner les jeunes
« filles : c'est à quoi vous devez vous rendre bien soi-
« gneuses, puisque c'est un des deux desseins que
« vous avez eus en vous donnant à Dieu. »

Mlle Le Gras, en parlant des pauvres, disait toujours : *Nos chers maîtres, nos seigneurs les pauvres.* « Nous sommes leurs servantes, ajoutait-elle, nous devons nous traiter moins bien qu'eux. »

La sainte fondatrice donnait l'exemple des pratiques les plus humiliantes et les plus pénibles. Elle avait son jour pour servir à table et laver les écuelles de la communauté; elle était la première à dire la coulpe, chaque semaine. On la voyait à la chapelle baiser les pieds de ses filles, ou plutôt de ses sœurs. Car elle ne voulut jamais recevoir d'autre nom et les supérieures des maisons de la congrégation n'ont pas d'autre titre que celui de sœur servante. Elle se prosternait au milieu du réfectoire, demandant pardon à la communauté, les bras en croix.

Les premières religieuses apparaissent animées de la même ferveur et remplies de cette énergie un peu virile par laquelle la sœur de charité se distingue. Avec les filles de la campagne placées sous la direction de Mlle Le Gras, il y eût bientôt aussi des jeunes personnes appartenant aux meilleures familles, et celles-ci, comme les autres, allaient laver le linge à la Seine, partaient pour visiter les malades avec la hotte de légumes et le panier aux provisions. Une d'elles était ainsi près d'un infirme quand la maison s'écroula. La sœur resta seule suspendue au milieu des décombres, sur une marche de l'escalier. On lui tendit une gaule ; elle y accrocha la marmite et s'abandonnant à la Providence, se jeta sur des manteaux qu'on tenait étendus. Puis, quoiqu'un peu émue, elle continua sa tournée (1).

La petite et courageuse phalange ne se distinguait par aucun costume particulier. Les filles du peuple portaient alors habituellement une robe de couleur grise. Les compagnes de Mlle Le Gras continuèrent à porter cette toilette ; le peuple prit la coutume plus tard de les appeler *sœurs grises*. La cornette était aussi la coiffure des paysannes cherchant à s'abriter sous de larges plis d'étoffe blanche contre les rayons du soleil.

La communauté avait compté trois membres, le premier jour ; saint Vincent l'appelait, par une sorte d'instinct prophétique, « la petite pelote de neige ». « Mes filles, leur disait-il, si vous entrez dans la prati- « que de votre règlement avec le dessein de faire la

(1) *Histoire de Mlle Le Gras.*

« très sainte volonté de Dieu, il y a lieu d'espérer que « votre petit troupeau durera et s'augmentera. » Quand Vincent de Paul mourut, il y avait trente maisons, à Paris, et vingt huit dans les autres villes de France. Aujourd'hui il y a vingt mille sœurs de charité dans le monde.

Une souveraine visitant un jour un hôpital, un malade l'appela « ma sœur »; on voulait le reprendre; « Laissez-le donc, disait la gracieuse princesse, c'est le plus beau nom qu'il puisse me donner. » Tous ceux qui connaissent les filles de saint Vincent s'associeront à cet éloge plein de délicatesse.

CHAPITRE XV

SANCTIFICATION DU CLERGÉ.

La présence de saint Vincent de Paul à Saint-Lazare fit de ce lieu un foyer de vie spirituelle pour toutes les classes de la société. Les premiers appelés à aller s'y réchauffer furent les prêtres. En travaillant à la sanctification du clergé, l'apôtre des pauvres ne croyait pas sortir des fonctions de sa vocation spéciale. Préparer au peuple des campagnes et des villes de bons prêtres, n'était-ce pas le plus grand service à lui rendre ? Il regardait cette œuvre comme le complément des missions. « Les conquérants, disait-il, mettent de bonnes « garnisons dans les places qu'ils ont prises, pour les « conserver ; tel est le curé dans la paroisse. »

Vincent de Paul se préoccupa d'abord de la préparation des ecclésiastiques appelés aux saints ordres ; n'oublions pas que les séminaires n'existaient pas encore.

Un jour, durant le cours d'une mission, dans le diocèse de Beauvais, il allait d'une paroisse à une autre, dans la voiture de l'évêque. Le prélat resta assez longtemps silencieux et les yeux fermés comme s'il eût dormi. Mais tout à coup prenant la parole : « Je ne dormais pas, Messieurs, dit-il, je réfléchissais au moyen de sanctifier le clergé. Et il me semblait que ce serait une bonne mesure de faire venir quelques jours avant l'ordination ceux qui doivent y participer à l'évêché, et de les préparer par une retraite. » — « Oh ! certes, s'écria Vincent de Paul, Monseigneur, cette pensée est de Dieu. » Et il fut convenu sur le champ que le saint lui-même viendrait présider les exercices de la première retraite. « J'irai, disait M. Vincent, bien certain de faire en cela la volonté de Dieu ; j'en suis plus certain, obéissant à un évêque, que si un ange était venu m'y inviter. » Les résultats furent admirables.

L'archevêque de Paris voulut imiter l'évêque de Beauvais, et saint Vincent de Paul fut heureux de mettre Saint-Lazare à la disposition des retraitants. Il était lui-même l'âme de ces saints exercices. D'autres que lui portaient la parole ; mais c'était surtout après les simples exhortations du saint que tous fondaient en larmes ; tous voulaient lui faire leur confession générale.

Les exercices duraient dix jours avant chaque ordination, et il y avait six ordinations par an. Le nombre des ordinands était en moyenne de soixante-dix. La maison de Saint-Lazare supportait tous les frais. Vincent ne voulait pas qu'on demandât une rétribution aux retraitants. Un jour l'économe vint lui dire, à la veille de l'ouverture des exercices, qu'on n'avait pas un sou pour pourvoir à la dépense : « Oh ! la bonne nouvelle, s'écria le saint, à la bonne heure, c'est maintenant qu'il faut faire paraître si nous avons de la confiance en Dieu ! » Une autre fois, à des remontrances analogues il répondit : « Quand nous n'aurons plus rien, quand nous aurons tout dépensé pour Notre-Seigneur, nous mettrons la clé sous la porte et nous nous retirerons. »

L'exemple de la capitale fut peu à peu suivi par tous les diocèses de France. Les prêtres de la mission établirent même ces saints exercices dans leurs maisons, hors de France, en particulier à Rome. Là leur zèle reçut l'approbation la plus flatteuse de la plus haute autorité qui soit sur terre. Une ordonnance du pape Alexandre VII obligea tous ceux qui se préparaient à recevoir les saints ordres, dans la ville éternelle, d'aller faire la retraite chez les religieux de saint Vincent de Paul,

Une bonne œuvre en engendre une autre. Quelques ecclésiastiques tout embaumés des parfums de leur retraite d'ordination demandaient à M. Vincent le moyen de conserver leurs bonnes dispositions. Le saint prêtre leur suggéra celui-ci : se réunir toutes les semaines, un jour, à Saint-Lazare, pour s'entretenir ensemble des devoirs et des vertus du saint ministère. L'idée fut acceptée comme venant du ciel. Et ainsi furent fondées les conférences ecclésiastiques. Elles commencèrent à Saint-Lazare, elles se multiplièrent par imitation dans toutes les maisons des prêtres de la mission. Le nombre des ecclésiastiques fréquentant ces pieuses réunions s'éleva à deux cent cinquante, à Paris. Il en est sorti grand nombre de prélats, parmi lesquels Bossuet, des vicaires généraux, des supérieurs de maisons d'éducation. Le bien s'étendit par la voie du bon exemple sur tout le clergé.

Là se forma aussi un homme destiné à avoir la plus grande influence sur la réforme du clergé, M. Olier. Il fut un des premiers qui accoururent aux retraites d'ordination et plus tard aux conférences. Quand il eut à son tour réuni autour de lui une communauté de saints prêtres, il leur disait souvent : « Messieurs, M. Vincent est notre père. » Les disciples de M. Olier, appelés prêtres de Saint-Sulpice, dirigent aujourd'hui la plupart des séminaires de France.

Saint Vincent lui-même donna l'exemple de la création de ces utiles établissements. Il ouvrit le premier grand séminaire au collège des Bons-Enfants ; et son petit séminaire, dans une dépendance de la maison de Saint-Lazare.

Il savait rendre son zèle efficace, en travaillant à cette grande œuvre de la sanctification des prêtres, avec tout le respect dû à leur caractère sacré. Il leur parlait comme à ses supérieurs et à ses maîtres. Souvent il s'agenouillait devant eux et ne consentait à se relever qu'après avoir reçu leur bénédiction. Un jour, un prêtre de la mission, prêchant dans une paroisse rurale, prononça quelques paroles peu mesurées à l'adresse des curés voisins. Le lendemain, Vincent de Paul fit cinq ou six lieues pour aller trouver chacun des prêtres offensés par ce discours et demander pardon au nom du religieux imprudent et de toute la communauté.

Quand les prêtres et les religieux lui écrivaient, demandant un conseil, une direction, il répondait dans le style que voici : « J'ai lu votre lettre avec respect et « certes avec confusion de ce que vous vous adressez « au moins spirituel des hommes, et reconnu tel d'un « chacun. Je ne laisserai pas néanmoins de vous dire « mes petites pensées, non pas par manière d'avis, « mais par la pure condescendance que Notre-Seigneur

« veut que nous ayons pour notre prochain, etc. »

Tout prêtre dans le besoin pouvait aller frapper à la porte de Saint-Lazare, l'hospitalité la plus cordiale lui était assurée. Vincent ne reculait devant aucune démarche pour procurer à ces pauvres ecclésiastiques une position dans le saint ministère. Et, en attendant, le nouveau venu était traité comme un frère de plus dans la famille. Un jour, un prêtre malade lui témoignait la peine qu'il ressentait d'être à charge à la maison et de ne pouvoir payer la dépense. « Sachez, « Monsieur, lui répondit le saint, qu'il y a dans la « maison des calices et autres vases d'argent que l'on « vendrait plutôt que de permettre qu'il vous manquât « quelque chose. »

CHAPITRE XVI

RETRAITES.

Il est peu de chrétiens ayant à cœur la grande œuvre du salut qui n'aient eu l'occasion d'apprécier par expérience l'avantage d'une retraite. La retraite est en quelque sorte une mission personnelle, une mission que l'on va se faire donner, soit dans un des sanctuaires les plus aimés des pèlerins, soit dans une maison religieuse. Or il se trouve que notre époque doit au même saint et le bienfait des missions rurales et la pratique plus habituelle des retraites (1).

La renommée du vénéré supérieur de Saint-Lazare fit souhaiter, comme le bien le plus précieux, de passer quelques jours auprès de lui sous sa direction. Le nombre des retraitants s'accrut rapidement et prit des proportions étonnantes. On y vint de Paris et de la province. « Il y en a, disait M. Vincent recomman- « dant cette œuvre à la communauté, qui viennent de « dix, vingt, cinquante lieues, exprès pour se récol- « liger ici, faire une confession générale, se déterminer « à un choix de vie dans le monde, et prendre les « moyens de s'y sauver. » Les vastes bâtiments de Saint-Lazare pouvaient à peine suffire au flot toujours

(1) Saint François de Sales en attribue le mérite à saint Ignace de Loyola. Saint Ignace et saint Vincent ont chacun leur part dans cette excellente œuvre. L'un a fait estimer la retraite, l'autre en a mis les moyens à la portée de tous.

croissant. Il fallait arrêter sa place longtemps à l'avance. « Remercions Dieu, disait encore le saint, « pour l'attrait qu'il donne de faire ici la retraite à tant « de personnes qui pressent chaque jour pour y être « reçues et qui le demandent avec instance longtemps « auparavant. Les uns viennent me dire : il y a tant « de temps que je demande cette grâce, tant de fois « que je suis venu ici, sans pouvoir l'obtenir ; les « autres : Monsieur, il faut que je m'en aille, je suis « sur mon départ ; accordez-moi cette faveur. » On a évalué à près de mille le nombre des chrétiens qui passaient ainsi chaque année par Saint-Lazare.

Les retraitants appartenaient à tous les rangs de la société. C'était, racontent les témoins oculaires, un curieux spectacle. A la même table du réfectoire, sur le même banc de l'église, on voyait assis côte à côte des ecclésiastiques, même des évêques, et des laïques, des magistrats, des soldats, un grand nombre de paysans, des domestiques, des étudiants. A côté du jeune homme qui venait demander à Dieu la grâce de connaître sa vocation, il y avait le vieillard qui était là pour se préparer à la mort.

Toutes ces personnes étaient traitées sur le pied d'une parfaite égalité. Abelly compare cette sainte hospitalité de la maison de saint Vincent à la table du roi de la parabole évangélique. « Allez, dit le roi à ses serviteurs, parcourez les rues et les chemins ; faites entrer tous les passants : boiteux, aveugles, pauvres, que tous viennent à mon festin. »

Pendant que les hommes étaient ainsi accueillis

dans la maison des missionnaires, le saint ouvrait aux femmes du monde les portes des Filles de la charité.

L'hospitalité offerte aux retraitants était complètement gratuite. Il y avait bien un tronc placé à la porte; mais presque personne, paraît-il, ne songeait à y déposer son obole, en partant. Aussi, malgré les revenus considérables de Saint-Lazare, l'entretien de tout ce monde était une lourde charge. L'économe se plaignait tantôt de n'avoir plus de place, tantôt de n'avoir plus d'argent et d'avoir même contracté des dettes ; « donnez ma chambre, répondait saint Vincent, si vous n'en avez pas d'autre. » Et quant à la seconde objection : « Je ne peux me persuader, disait-il, que notre congrégation vienne jamais à manquer de biens temporels, tant qu'elle les emploiera et consommera en œuvres de charité. Supposez que nous dussions vivre trente ans, à condition de ne pas continuer l'œuvre des retraites, il vaudrait bien mieux n'en vivre que quinze, et continuer cette œuvre. » Il ajoutait : « les missionnaires seraient bien heureux, s'ils devenaient pauvres pour avoir exercé la charité. Si Dieu permettait qu'il fussent réduits à la nécessité d'aller servir de vicaires dans les villages pour trouver de quoi vivre, ou bien même que quelques-uns d'entre eux fussent obligés de mendier leur pain, ou de coucher au coin d'une haie, tout déchirés et tout transis de froid, et qu'en cet état on vint demander à l'un d'eux : pauvre prêtre de la mission, qui t'a réduit à cette extrémité? Quel bonheur, messieurs, de pouvoir répondre : c'est la charité. »

L'économe insistait : Il y avait, disait-il, beaucoup

de retraitants qui ne profitaient pas des exercices. « Ce n'est pas peu de chose, répliquait le saint supérieur, si une partie seulement en profite. » — Mais il y en a qui viennent pressés par la nécessité, pour y recevoir la nourriture du corps plutôt que celle de l'âme. « Eh bien, c'est toujours une aumône qui est agréable à Dieu. »

Un jour pourtant, il sembla que les remontrances du pauvre comptable aux abois eussent vaincu la confiance obstinée du saint. « Puisqu'il en est ainsi, dit-« il, je veux me charger moi-même d'interroger ceux « qui se présenteront et de les admettre s'il y a lieu. » Hélas ! la caisse n'y gagna rien. Le bon supérieur ne savait refuser personne. On le vit, à cette occasion et plusieurs fois ensuite, se faire un plaisir de prendre lui-même les bagages des arrivants et de les porter dans leurs chambres, comme aurait pu le faire un domestique. Le nombre des hôtes à héberger allant ainsi croissant, il fallut replacer un autre religieux à la porte du parloir.

« D'où vient donc, dit une fois, avec un léger mouvement d'impatience, un frère de la communauté, d'où vient donc ce nombre excessif d'étrangers. » — « Mon frère, répondit gravement M. Vincent, c'est qu'ils veulent se sauver. » En effet, la retraite se faisait sérieusement à Saint-Lazare. Elle durait dix jours ; le saint avait une sorte de dévotion pour ce nombre de dix jours, indiqué, disait-il, par la durée de la retraite que firent les apôtres entre l'Ascension et la Pentecôte. Si l'on veut se faire une idée de la manière dont se passait ce temps, il faut lire cette lettre de M. Vincent

à Mlle Le Gras : « Madame la présidente Goussault et Mlle Lamy s'en vont faire chez vous leur petite retraite. Je vous prie de leur donner le partage du temps que je vous ai mis en mains, de leur marquer le sujet de leurs oraisons, d'écouter le rapport qu'elles vous feront de leurs bonnes pensées, faire faire lecture de table pendant le repas, au sortir duquel elles pourront se divertir d'une manière gaie et modeste. Le sujet pourra être des choses qui leur seront arrivées pendant leur solitude, ou qu'elles auront lues des histoires saintes. Et s'il fait beau après le dîner, elles pourront se promener un peu; hors ces deux temps, elles observeront le silence. »

Quels ne devaient pas être les fruits de dix jours de retraite ainsi comprise : saint Vincent disait que sa maison lui apparaissait comme un cénacle où le Saint-Esprit descendait constamment. « Cette maison, disait-il encore, servait autrefois à la retraite des lépreux ; ils y étaient reçus et pas un ne guérissait : et maintenant elle sert à recevoir des pécheurs qui sont des malades couverts de lèpre spirituelle, mais qui guérissent par la grâce de Dieu. »

L'œuvre des retraites inaugurée à Saint-Lazare s'établit dans toutes les maisons de la congrégation, et elle y est encore pratiquée. On exalte notre saint, parce qu'il a fait surgir quantité d'hôpitaux et d'asiles où sont soignées les infirmités corporelles. Avoir ouvert des refuges aux âmes, ce n'est pas un moindre service rendu à l'Église et à la société.

CHAPITRE XVII

L'HOTEL-DIEU (1634).

Les hôpitaux, nous l'avons déjà fait remarquer, sont le lot de saint Vincent de Paul. Il règne dans cet empire, son image est dans les salles à côté de l'image du Dieu Sauveur; la nombreuse armée des religieuses qui portent son nom y déploie ses phalanges et y fait des prodiges. Voyons comment il a pris possession de ce royaume d'un nouveau genre.

Les hôpitaux étaient alors placés sous la direction de l'autorité ecclésiastique. L'Hôtel-Dieu de Paris avait pour administrateurs deux chanoines de la cathédrale. En apprenant cela, on tremble peut être pour la liberté de conscience des pauvres malades ; qu'on se rassure, elle n'était pas soumise à de trop dures exigences. Sans doute il y avait des aumôniers attachés à la maison, mais ceux-ci passaient plus de temps à la chapelle que dans les salles. Ces fonctions étaient regardées comme une sorte de canonicat, obligeant surtout à la célébration des offices. On recevait, à l'Hôtel-Dieu, non-seulement des catholiques, mais des hérétiques, des Juifs, des Turcs même pris par les croiseurs qui faisaient la chasse aux pirates; et tous étaient l'objet du même traitement; mais par suite de la médiocrité des installations et des ressources, le régime des malades laissait beaucoup à désirer. Ni les aumôniers, ni les religieuses ne suffisaient à leur procurer les douceurs matérielles et à leur assurer les consolations dont la souffrance fait sentir si vivement le besoin. Il y avait là un vaste champ ouvert à la charité.

La visite des malades dans les hôpitaux était, on vient de le dire, une des œuvres de prédilection de M. Vincent ; c'était une de celles qu'il conseillait le plus volontiers. Nous avons nommé, dans le chapitre précédent, la présidente Goussault. Elle était devenue veuve à la fleur de l'âge ; sa richesse et sa beauté lui permettaient de prétendre encore à un grand établissement dans le monde, mais elle mettait au-dessus de tous les avantages temporels le soin de son âme et de son éternité. Saint Vincent l'envoyait pratiquer la charité à l'Hôtel-Dieu. Là, Madame Goussault n'était pas contente de ce qu'elle voyait. Elle aurait voulu que les malades fussent l'objet d'attentions plus bienveillantes, qu'on leur apportât avec plus de zèle les secours spirituels. Elle en parlait à M. Vincent : elle le pressait de combler cette regrettable lacune. « Cela n'est pas mon affaire, répondait l'humble prêtre. Il y a à la tête de l'établissement des personnes doctes et saintes, à elles à aviser. » La présidente désespérant de vaincre la modestie du saint prêtre s'adressa à l'archevêque de Paris. Cette démarche eut un plein succès. Mgr de Gondi écrivit à M. Vincent qu'il confiait à son zèle l'Hôtel-Dieu et le chargeait de former une association de dames charitables disposées à se dévouer au soulagement des pauvres malades.

Le saint prêtre accepta avec empressement cette mission. Quand il obéissait, il était heureux, il ne doutait de rien. Le voilà donc à l'œuvre pour faire ce qu'il faisait si bien : grouper les bonnes volontés, susciter les dévouements, leur indiquer le but, leur donner l'impulsion et la direction. Une première réunion se tint dans les appartements de Mme Goussault ; six dames s'y rendirent. Dans une réunion suivante, elles furent deux cents, toutes de la plus haute condition, présidentes, comtesses, marquises, duchesses et princesses. Parmi les âmes d'élite ainsi groupées autour de saint Vincent, recevant ses leçons, s'animant de son zèle, se faisant les instruments de sa charité, il en est une dont nous avons déjà prononcé le nom ; c'est la duchesse d'Aiguillon, nièce du cardinal de Richelieu. Elle mit plus d'une fois les ressources de son immense fortune à la disposition du saint. Celui-ci n'admettait pas d'ailleurs toutes celles qui se présentaient pour entrer dans la réunion. « Il faut choisir, « disait-il, celles qui ne fréquentent pas le jeu, ni la « comédie, ni autres passe-temps dangereux, et qui « ne font pas les vaines en voulant faire les dévotes. « Dieu ne verse ses grâces que sur celles qui se séparent du grand nombre, qui s'approchent de Dieu par « de saintes occupations et font profession de le « servir. »

Voici quel était le service de ces dames à l'Hôtel-Dieu. Chaque jour, deux d'entre elles, à tour de rôle, faisaient la visite des salles. Elles devaient se présenter vêtues aussi simplement que pouvaient le permettre les convenances. En outre, en arrivant, elles déposaient tout objet de toilette superflu, prenaient le tablier blanc et les manchettes blanches des servantes.

7

Elles apportaient avec elles des remèdes, des bouillons, du lait, des sucreries. Leur premier devoir était d'aller saluer les personnes chargées du soin intérieur de la maison, pour leur demander la permission d'exercer la charité auprès des malades, se mettre en tout et pour tout aux ordres du personnel ordinaire. Puis elles parcouraient les vingt salles de l'hôpital, s'arrêtant auprès de chaque lit. Elles soulevaient l'oreiller, arrangeaient la couche, mettaient un peu plus d'ordre dans les couvertures, essuyaient la sueur qui coulait du front du malade, offraient quelques-unes des douceurs, biscuits, consommés, qui remplissaient la corbeille dont elles se faisaient suivre. Après quoi, elles s'entretenaient avec le malade. Sur un grabat d'hôpital, une parole amie est souvent le meilleur des remèdes et le plus doux des bonbons. Elles finissaient par parler de Dieu, mais, c'était la recommandation de leur saint directeur, avec la plus grande réserve et la plus humble simplicité. Elles devaient ordinairement débuter par cet exorde plein d'amabilité insinuante : « On m'a fait faire une retraite, il n'y a pas longtemps, dont j'ai été bien heureuse. J'y ai fait une confession générale, et j'en ai été grandement consolée. Et vous ? on ne vous en a jamais fait faire ? on m'a appris dans cette confession, comment je devais m'exciter à la contrition, etc. » Tout le catéchisme y passait. Pour cela elles restaient quelquefois assises auprès d'un lit pendant des heures entières, souvent au péril de leur vie. Par cette charité, par cette bonté, elles opéraient quantité de conversions. La première année seulement, on compta sept cent soixante abjurations de protestants ou d'infidèles. Quand la visite était terminée, vers le soir, une collation était offerte aux convalescents. Elle consistait en gelées, confitures et autres petites friandises. Les dames la servaient elles-mêmes. La seule dépense de ce petit régal s'élevait à cinq mille francs par an.

On se demande sans doute comment les Sœurs de charité ont fait à leur tour leur entrée dans les hôpitaux. Ce fut à la suite des dames. Pour préparer les bouillons, les remèdes, les mets de la collation, on avait loué, près de l'Hôtel-Dieu, un appartement. Dans cet office, moitié laboratoire et moitié cuisine, on installa les filles de Mlle Le Gras. Quand les dames se rendaient à l'hôpital, les humbles filles les accompagnaient portant le panier aux provisions. On peut penser qu'auprès des lits des malades, elles ne demeuraient ni immobiles, ni muettes. Comme elles étaient les plus habiles et, au fond, les plus dévouées, insensiblement et par la force des choses, de la seconde place elles montèrent à la première. Dirons-nous que les marquises et les comtesses se fatiguèrent et passèrent à celles qui étaient là comme leurs servantes le tablier et le bol de tisane? non, au contraire, les filles de ces marquises et de ces comtesses comprirent que le dévouement devait être absolu ; elles prirent elles-mêmes la coiffe et la robe grise et continuèrent avec le costume religieux le ministère de charité inauguré sous les livrées du monde.

CHAPITRE XVIII

LES ENFANTS TROUVÉS (1638)

Le titre de ce chapitre rappelle une des plus populaires créations de saint Vincent de Paul. En la racontant, Abelly exprime un désir : « Les peintres, dit-il, « voulant représenter la charité, la dépeignent ordi« nairement avec nombre de petits enfants qu'elle « tient entre ses bras ; si on voulait faire un emblème de « la charité de M. Vincent, il ne faudrait point se servir « d'autre peinture que de celle-là. » Chacun sait que le vœu du pieux historien a été réalisé. Saint Vincent est presque toujours représenté tenant sous son bras ou à la main ces petites et aimables créatures à qui sa charité conserva la vie.

« La ville de Paris, continue Abelly, étant d'une étendue excessive et le nombre de ses habitants considérable, il se trouve beaucoup de dérèglements en la vie de quelques personnes particulières. Un des plus pernicieux désordres est l'exposition et l'abandon des enfants nouvellement nés ; on a remarqué qu'il ne se passe aucune année qu'il ne s'en trouve au moins trois ou quatre cents ainsi exposés. Les commissaires de police, les faisaient porter dans une maison qu'on appelait la couche, en la rue Saint-Landry, où ils étaient reçus par une certaine veuve qui y demeurait avec deux suivantes. Mais faute de ressources suffisantes, la plupart de ces pauvres enfants mouraient de faim dans cette maison; ou même les servantes, pour se délivrer de l'importunité de leurs cris, leur faisaient prendre une drogue qui causait la mort de plusieurs. D'autres étaient vendus à vil prix; il y en a pour lesquels on n'a payé que vingt sous. On les achetait pour les substituer à d'autres enfants ou pour les faire servir à des opérations magiques. Et, pour comble de malheur, cette veuve a avoué qu'elle n'en avait jamais fait baptiser aucun. » L'historien a raison d'ajouter « que voilà un désordre bien étrange dans une ville si riche, si bien policée et si chrétienne qu'est celle de Paris ».

La Providence avait envoyé saint Vincent de Paul à Paris pour corriger tous les abus qui appellent l'intervention de la charité. Sur ce point, comme sur les autres, l'ouvrier de Dieu fut fidèle à sa mission. Là, comme ailleurs, il accomplit le bien, sans faire d'éclat, peu à peu; il l'accomplit, en se servant des auxiliaires qui venaient de le seconder si efficacement à l'Hôtel-Dieu, de cette sainte armée qu'il avait su organiser pour les œuvres au milieu de la capitale : les dames de charité ouvrant la marche et, derrière elles, les filles de Mlle Le Gras venant faire le plus pénible de la besogne et finalement gardant l'œuvre dans leurs mains dévouées.

Saint Vincent envoyait donc les dames de charité à l'asile de la rue Saint-Landry, comme il les envoyait partout où il y avait une œuvre de miséricorde à exercer. Au récit des souffrances de ces innocentes créatures, le cœur du charitable prêtre saignait. La visite des dames n'était pour les petits infortunés qu'un bien faible soulagement. Elles les pansaient, les nettoyaient, leur donnaient quelques petites douceurs, leur faisaient passer sur les genoux quelques doux instants; mais après il fallait les abandonner, malgré leurs cris déchirants, à leurs rudes gardiennes.

Un jour de l'année 1638, il fut convenu entre le saint prêtre et ses dévouées coopératrices, qu'on sauverait au moins quelques-unes de ces intéressantes créatures; le nombre fut fixé à douze. Quelques dames se rendirent à l'asile pour choisir ces douze et les emporter. Ces pauvres enfants s'étaient habitués à connaître leurs charitables visiteuses; ils leurs souriaient, les payaient de caresses, s'attachant à leur cou. Ce jour-là, les dames déléguées, en recevant ces naïfs témoignages d'affection, pleuraient abondamment. Il fallait sauver douze de ces petits malheureux et condamner les autres! Comment faire le choix? On tira au sort; elles prirent les douze désignés par le hasard et les emportèrent en détournant la tête, pour ne pas voir ceux qui leur tendaient inutilement leurs petits bras. Elles se dirigèrent du côté de la porte Saint-Victor. Au-delà de la porte, on avait loué, pour cette bonne œuvre, une maison. Les sœurs de charité y étaient déjà, attendant le retour des dames. Celles-ci déposèrent leur précieux fardeau entre ces mains dévouées, et, à partir de ce moment, les saintes filles soignèrent ces orphelins comme les mères les plus tendres. « On les voyait, dit Mlle Le Gras, gardant, toute la nuit, sur leurs genoux ceux auxquels elles n'avaient pas de berceaux à donner. »

Quelques jours après, on retourna à la rue Saint-

Landry chercher douze autres petits abandonnés ; le sort les désigna encore. Enfin, après bien des prières, des pèlerinages, des communions à cette intention, sur les instances des chanoines de Notre-Dame, il fut résolu qu'on aurait confiance dans la Providence, qu'on ferait l'œuvre entière, c'est-à-dire que la compagnie des dames de Charité allait se charger de tous les enfants délaissés, à la place des mains mercenaires auxquelles ils avaient été jusqu'alors remis.

La somme allouée à cette œuvre et provenant de diverses sources était absolument insignifiante ; elle atteignait à peine le chiffre de quatorze cent livres. Saint Vincent parla à la reine mère, obtint une subvention royale de douze mille livres. Les dames se cotisèrent, elles quêtèrent, et parvinrent à couvrir la dépense annuelle qui montait à quarante mille livres.

Dans l'exercice de sa charité à l'égard des enfants trouvés, saint Vincent de Paul a accompli quelques-uns des actes les plus connus et les plus populaires de sa belle vie. Un soir, rentrant à Paris, il aperçut un mendiant occupé à torturer les membres d'un petit enfant dont il voulait exploiter les infirmités. « Ah ! barbare, s'écria le saint arrachant au bourreau sa victime, de loin, je vous prenais pour un homme ! »

Une nuit il avait parcouru, comme à l'ordinaire, les lieux où l'on exposait les enfants et il rapportait sous les plis de son manteau quelques-uns de ces petits êtres. Quelques malfaiteurs l'arrêtent et lui demandent la bourse ou la vie ; le saint soulève un coin de son manteau : aussitôt les voleurs le reconnaissent et tombent à ses genoux.

Rien n'est plus touchant à lire que cette page empruntée au journal que tenaient les sœurs chargées du soin de ces délaissés :

« Le 22 janvier, M. Vincent est arrivé vers les onze heures du soir ; il nous a apporté deux enfants ; l'un peut avoir six jours ; l'autre est plus âgé ; ils pleuraient les pauvres petits ! Ma sœur supérieure les a confiés à des nourrices.

« 26 janvier. Le pauvre M. Vincent est transi de froid ; il nous arrive avec un enfant. Il est sevré celui-là. C'est pitié de le voir ! Il a des cheveux blonds et une marque au bras. Mon Dieu ! Mon Dieu ! Qu'il faut avoir le cœur dur pour abandonner ainsi une pauvre petite créature !

« 7 février. L'air est bien vif. M. Vincent est venu nous visiter. Il a couru bien vite à ses petits enfants. C'est merveille d'entendre ses douces paroles ! Les petites créatures l'écoutent comme un père. J'ai vu ses larmes couler ; un de nos enfants est mort : « C'est un ange, s'est-il écrié, mais il est bien dur de ne plus le voir ! »

Après quelques années, le zèle des dames de charité pour cette œuvre parut se refroidir ; on était sur le point de fermer l'asile. C'est alors que saint Vincent tint cette assemblée si souvent racontée. Il mit sous les yeux de son auditoire le bien déjà fait et termina par ces paroles : « Or sus, mesdames, la compassion et la cha-
« rité vous ont fait adopter ces petites créatures ; vous
« avez été leurs mères depuis que leurs mères suivant
« la nature les ont abandonnées. Voyez maintenant si
« vous voulez aussi les abandonner. Cessez d'être leurs

« mères pour devenir à présent leurs juges : leur vie et « leur mort sont entre vos mains ; je m'en vais prendre « les voix et les suffrages. Il est temps de prononcer « leur arrêt... » Des sanglots répondirent à de telles paroles et il ne fut plus question d'abandonner la sainte entreprise.

Le temps n'a pas détruit l'œuvre. Au contraire, au lieu d'un asile, les enfants trouvés en ont maintenant des centaines. La philanthropie laïque pourra un jour disputer à la religion l'honneur d'élever ces pauvres orphelins ; mais on ne changera pas l'histoire. Il sera toujours vrai que le soin de l'enfance abandonnée a été une inspiration de la charité chrétienne et l'œuvre d'un saint.

CHAPITRE XIX

LES ALIÉNÉS

Trouverons-nous une misère à laquelle le saint ami du peuple et des pauvres n'ait ouvert ses bras? M. Vincent rencontrera-t-il une occasion de se dévouer sans la saisir avec empressement?

L'ancien prieur de St-Lazare, M. le Bon, avait donné asile dans son prieuré à quelques pauvres aliénés, et dans le contrat de cession, il stipula que le nouveau possesseur du domaine aurait soin de ces malheureux. Oh! la douce condition pour le cœur d'un propriétaire tel que Vincent de Paul! Il se réserva à lui-même le soin de ces malades, et il les servit avec l'affection d'une mère.

Peu de jours après l'installation des Prêtres de la mission à St-Lazare, on intenta à M. Vincent un procès pour la possession de ce prieuré. Les prétentions des réclamants n'étaient pas fondées et furent repoussées par les juges. Pendant que la cause était encore pendante, on demandait au saint ce qu'il regretterait le plus s'il lui fallait quitter ces lieux : « Oh! répondit-il, ce seraient mes pauvres fous. »

Il ne se contenta pas, sur ce point d'observer les clauses du contrat; puisque la charité envers les aliénés avait été ainsi imposée par occasion, dès l'origine, à la communauté, il décida qu'on continuerait toujours par la suite à accueillir dans la maison cette sorte d'infirmes.

Et son intention était que ces malheureux fussent traités avec toute la délicatesse possible. « Mes frères, « disait-il, ce n'est pas si peu de chose que l'on croit, « d'être appliqué au soulagement des affligés ; car l'on « fait plaisir à Dieu. Oui, c'est une des œuvres qui lui « sont le plus agréables, que de prendre soin de ces « insensés; et elle est d'autant plus méritoire, que la « nature n'y trouve aucune satisfaction, et que c'est un « bien qui se fait en secret, et à l'endroit de personnes « qui ne nous en savent aucun gré .. Courage donc, « mes frères, savez-vous bien qu'il y a eu autrefois des « papes appliqués au soin des bêtes? Oui, du temps des « empereurs qui persécutaient l'Eglise en son chef et « en ses membres, ils prenaient les papes et leur fai-« saient garder les lions, les léopards et les autres bêtes « semblables qui étaient comme les images de leur « cruauté ; or les hommes dont vous avez la charge ne « sont pas des bêtes... »

« Mais, monsieur, me dira quelqu'un, nous avons « assez d'autres emplois sans cela, et nous n'avons pas « besoin de recevoir les fous à St-Lazare. Je dirai à « celui-là que notre règle en ceci est Notre-Seigneur, « lequel a voulu être entouré de lunatiques, de démo-« niaques, de fous. Pourquoi donc nous blâmer et trou-« ver à redire de ce que nous tâchons de l'imiter dans « une chose qu'il a témoignée lui être agréable? S'il a « reçu les aliénés et les obsédés, pourquoi ne les rece-« vrions-nous pas? »

Le bon supérieur adressait souvent de pareilles exhortations à toute la communauté. Il recommandait surtout à ceux qui en avaient la charge de s'en bien acquitter : « Autrement, disait-il, un jour Dieu nous « en punira. Oui, qu'on s'attende à voir tomber la « maison de St-Lazare, s'il arrive qu'on y néglige le « juste soin qu'on doit avoir de ces pauvres gens. Je « recommande surtout qu'on les nourrisse bien, et « que ce soit du moins aussi bien que la commu- « nauté. »

L'affection, la douceur, la vraie charité doivent faire plus pour la guérison d'un cerveau malade que toutes les douches. Aussi bon nombre de pensionnaires de St-Lazare revenaient à leurs familles, entièrement rétablis ; on n'apercevait plus en eux aucune trace de leur mal.

CHAPITRE XX

MISSIONS EN FRANCE

Les œuvres admirables dont St-Lazare était le foyer béni ne doivent pas nous faire perdre de vue que saint Vincent de Paul avait fondé sa congrégation pour évangéliser le peuple de la campagne. Il l'avait nommée à cause de cela, Congrégation de la Mission. « Les Mis« sions, disait-il à ses prêtres, voilà le travail essentiel « de la Compagnie ; tout le reste n'est qu'accessoire. » Rien ne devait les détourner de cette fin de leur institut. « Ils doivent y user leur tempérament, ne pas craindre d'y contracter des infirmités, au risque d'abréger leurs jours. »

Lui-même donnait l'exemple. « Pour moi, disait-il, « nonobstant mon âge, je ne me tiens point dispensé « de travailler. Si je ne puis prêcher tous les jours, je « prêcherai deux fois la semaine ; et si je n'ai pas assez « de force pour me faire entendre dans les grandes « chaires, je prêcherai dans les petites, et si je n'avais « pas encore assez de voix pour cela, qui est-ce qui « m'empêcherait de parler simplement et familière« ment à ces bonnes gens, en les faisant approcher et « mettre autour de moi comme vous êtes ? »

On le vit, à l'âge de quatre-vingts ans, prêcher un jubilé, s'appliquant, comme le plus jeune des missionnaires, à catéchiser, à prêcher, à confesser. Il choisissait toujours la dernière place, au bas de l'église, pour entendre les confessions, laissant aux autres les sièges les plus commodes et les plus honorables. Il revendiquait aussi pour lui les fonctions les plus humbles comme d'enseigner le *Pater*, l'*Ave*, le *Credo* aux ignorants et aux petits enfants.

Un des prêtres de la maison de Rome était un hébraïsant distingué. Il s'occupait à traduire une bible syriaque en latin, quand saint Vincent eut besoin de lui pour une mission. « Venez, lui écrit-il, et ne vous laissez « pas arrêter par le travail de cette version. Il vous « doit suffire que la grâce de Dieu vous ait permis « d'employer trois ou quatre ans à apprendre l'hébreu. « Représentez-vous maintenant qu'il y a des milliers « d'âmes qui vous tendent les mains et qui vous ap- « pellent. »

Le saint recommandait à ses disciples le genre d'éloquence qu'il pratiquait si bien lui-même, l'éloquence de Jésus-Christ. « Il faut parler un langage familier, n'élever pas même beaucoup la voix, tant pour mieux profiter à leur auditoire, qui écoute plus volontiers et reçoit mieux ce qui est dit de la sorte, que pour ménager leur force et leur santé. » — « Croiriez-vous, continuait- « il, que les comédiens ayant reconnu cela, ont changé « leur manière de parler, et ne récitent plus leurs vers « avec un ton élevé, comme ils le faisaient autrefois ; « mais ils le font avec une voix médiocre et comme « parlant à ceux qui les écoutent. Or si le désir de « plaire au monde a pu gagner cela sur les acteurs de « théâtre, quel sujet de confusion pour les prédicateurs « de Jésus-Christ si le zèle n'avait pas le même pouvoir « sur eux ! »

« Pour moi, disait-il encore, de deux pensées qui « me viennent à l'esprit pour parler sur quelque sujet, « quand la charité ne m'obligera pas de faire autrement, « je produirai la moindre au dehors afin de m'humilier, « et je retiendrai la plus belle pour la sacrifier à Dieu « dans le fond de mon cœur. Car Notre-Seigneur ne se « plaît que dans l'humilité du cœur, et dans la simpli- « cité des paroles et des actions. »

Les missionnaires se montraient fidèles à ces instructions ; ils s'appliquaient à faire beaucoup de catéchismes, ils adoptaient sans difficulté le patois des diverses provinces. « L'un de vos missionnaires, écrivait l'archevêque de Toulouse, s'est rendu maître de la langue de ce pays, au point de se faire admirer par ceux qui la parlent. »

Toutes les campagnes de France virent arriver tour à tour ces hommes de Dieu. Ce fut un spectable admirable. Un peuple essentiellement bon, profondément attaché à la religion, mais malheureusement trop négligé par suite des malheurs de l'époque, se réveilla et fit éclater sa foi avec toute l'ardeur du caractère national. De tous côtés c'étaient des prodiges. Les lettres écrites à M. Vincent par les missionnaires eux-mêmes ou par les évêques et les curés sont remplies des traits les plus édifiants. Les personnes divisées par des haines invétérées allaient se demander pardon à genoux ; les pénitents accouraient en si grande foule qu'on les voyait, depuis la pointe du jour jusqu'au soir, demeurer dans l'Église sans boire ni manger, attendant la commodité de se confesser. — En Auvergne, on venait de sept ou huit lieues à la ronde, nonobstant la

rigueur du froid et l'incommodité des routes. Ces bonnes gens apportaient leurs provisions pour trois ou quatre jours et se retiraient dans les granges. « La no-
« blesse, continuent les missionnaires, pour laquelle il
« semblait que nous ne parlions pas, nous servant d'un
« langage si grossier, après s'être acquittée chrétienne-
« ment et exemplairement de son devoir, ne nous a pu
« laisser partir qu'en versant des larmes. » — « En Bre-
« tagne, le dimanche de la Quinquagésime et les deux
« jours suivants, il y eut une si grande et si extraordi-
« naire foule de peuple qui se présenta pour recevoir la
« sainte Eucharistie, que l'on fut obligé de continuer à
« donner la Communion jusqu'à sept heures du soir. En
« Bretagne encore, d'un grand nombre de cabarets qu'il
« y avait eu en ce lieu là, il n'en est pas resté un seul.
« Dans les marchés, au lieu de mettre quelque argent
« pour boire suivant l'usage du pays, on le met pour
« la confrérie de charité. » — « En Bourgogne, on a com-
« mencé quelquefois à sonner la prédication, à deux
« heures après minuit, et néanmoins l'Église se trouvait
« toute pleine. »

Les pécheurs, touchés d'une vraie contrition, demandaient aux missionnaires de leur imposer de dures pénitences, comme de jeûner trois jours de la semaine, pendant toute l'année, de marcher nu-pieds, sur la gelée. « Monsieur, dit un brave homme au mission-
« naire, j'ai entendu à la prédication qu'il n'y avait pas
« de meilleur moyen pour ne plus jurer que de se jeter
« à genoux en présence de ceux devant qui on avait
« juré ; c'est ce que je viens de faire. »

Dans le Bordelais, « le peuple accourt à la mission

des lieux les plus éloignés avec tant d'ardeur qu'il y en a la plupart qui demeurent des semaines entières dans le lieu où se fait la mission, attendant qu'ils puissent trouver place pour faire leurs confessions. Quelques-uns se mettent à genoux et déclarent tout haut leurs péchés. »

Ces quelques traits pris au hasard peuvent donner l'idée de l'élan religieux dont les missions prêchées par les prêtres de saint Vincent donnèrent partout le signal.

Les villes ne restèrent pas entièrement étrangères au mouvement. M. Vincent avait interdit à ses missionnaires la prédication dans les grands centres; il l'avait fait par humilité et parce que les nécessités des campagnes étaient plus urgentes. « O Paris, s'écriait, à la même époque, M. Olier, tu amuses des hommes qui, avec la grâce de Dieu, pourraient convertir une multitude innombrable d'âmes! » Mais il y a, dans les grandes villes surtout, des quartiers deshérités, des faubourgs, repaires de toutes les misères et de tous les vices. Ils n'échappèrent pas à la sollicitude du saint promoteur des missions. A défaut des prêtres de sa communauté que le règlement ne permettait pas d'y envoyer, M. Vincent s'adressa aux ecclésiastiques de la conférence. Son appel fut entendu et, dans ce nouveau milieu, la mission donna des fruits aussi consolants. Saint Vincent semblait ainsi indiquer à notre époque l'œuvre qu'elle aurait à faire. Si de son temps le peuple des campagnes était délaissé au point de vue des intérêts religieux, aujourd'hui on peut dire que les paroisses rurales ne sont pas les moins bien évangélisées. On trouvait alors, disent les historiens du XVIIe siècle en se voilant la face, dans les villages, quantité d'hommes et de femmes qui ne savaient pas réciter le *Pater* et le *Credo*. Hélas ! combien de fois n'a-t-on pas l'occasion de constater la même ignorance dans certains quartiers de nos grandes cités !

O mon Dieu, exaucez cette prière peut-être indiscrète : Faites naître un autre Vincent de Paul ! non plus un Vincent de Paul des campagnes, mais un Vincent de Paul de la rue !

CHAPITRE XXI

MISSIONS ÉTRANGÈRES

Quelle force, quelle puissance un saint représente dans le monde ! Il y en avait un à Saint-Lazare, et voici que toutes les nations ont les yeux tournés vers ce point de Paris ; elles y font parvenir leurs cris de détresse, elles en attendent et en reçoivent le salut.

Saint Vincent de Paul n'a pas personnellement travaillé aux missions dont nous allons dire quelques mots ; ce n'est pas le désir qui lui en a manqué. Quand un de ses missionnaires partait pour les pays lointains, le saint avait l'habitude de se mettre à genoux devant lui et de l'embrasser avec une émotion qui laissait deviner les secrètes impatiences d'une âme d'apôtre. « Son désir le plus cher, disait-il, aurait été d'endurer le martyre pour la foi. » Mais la Providence l'avait choisi pour être la tête et non le bras. Elle le retenait à Paris par le lien de l'infirmité. Avec des jambes continuellement enflées, et la fièvre qui ne le quittait pas, comment songer à de longs voyages ?

Il est juste toutefois d'attribuer à notre saint la gloire des grandes entreprises que nous allons simplement indiquer et qui firent l'admiration de la génération contemporaine. C'est à lui qu'on s'adressait pour avoir des missionnaires, lui qui les dirigeait par ses conseils, les animait en quelque sorte de son souffle. C'est donc lui qui travaillait partout dans la personne de ses prêtres, qui par eux triomphait du démon; comme le chef d'une armée, sans sortir de son quartier général, a l'honneur de tous les beaux faits d'armes accomplis sur le champ de bataille.

IRLANDE (1646-1652)

L'Irlande catholique a toujours été victime de l'intolérance hérétique de l'Angleterre. Au milieu du XVIIe siècle, la persécution sévissait avec un redoublement de violence. Charles Ier avait soulevé la guerre civile, en voulant opérer des réformes dans la religion; il travaillait à établir dans ses États la liturgie épiscopalienne, tandis que la majorité de la nation était attachée à la secte dite puritaine. Comme la liturgie favorisée par le monarque se rapprochait davantage des usages de l'Église romaine, on cria au papisme; la reine était française et catholique, on accusa la cour de conspirer avec les catholiques qui devinrent plus odieux encore. Les seigneurs d'Écosse et d'Angleterre signèrent une convention célèbre dans l'histoire, sorte de ligue contre le souverain, par laquelle on s'engageait : « à maintenir la religion selon la pure parole de Dieu, à n'être jamais ni neutre, ni indifférent dans une telle cause, à s'efforcer, *sans nul égard pour personne*, d'exterminer le papisme, etc. » Du sein de ces troubles funestes, s'éleva un dominateur, Cromwell. Charles Ier vaincu périt sur l'échafaud, en 1649, et le fanatique tyran demeura dix ans maître de l'Angleterre. Pendant tout ce temps, les troupes envoyées par les hérétiques portèrent la dévastation en Irlande; les églises étaient mises à feu; les prêtres, poursuivis comme des bêtes fauves, étaient obligés de se cacher dans les cavernes et les forêts.

Déjà, dès le commencement de ces malheurs, saint Vincent de Paul avait été appelé à donner une preuve éclatante de son sympathique dévouement à la nation martyre. Richelieu vivait encore, il tenait d'une main ferme et glorieuse les rênes du gouvernement de la France, quand l'humble prêtre de Saint-Lazare reçut du Souverain Pontife la mission de se présenter devant le tout-puissant ministre pour conjurer celui-ci de venir en aide à l'Irlande. La fierté du redouté cardinal n'encourageait guère les indiscrets à se mêler des affaires publiques. Cependant le saint n'hésita pas. Richelieu, qui connaissait les hommes accueillit son visiteur avec bienveillance. « Ah! monsieur Vincent, dit-il, le roi a « trop d'affaires pour pouvoir s'occuper de l'Irlande. » — « Je lui dis, raconte saint Vincent lui même, que le « pape le seconderait, qu'il offrait cent mille écus. » — « Cent mille écus, répliqua le cardinal, ne sont rien « pour une armée : il faut tant de soldats, tant d'équi« pages, tant d'armes! »

En 1646, une nouvelle lettre du pape arriva à Saint-Lazare; Innocent X demandait au saint fondateur d'envoyer quelques-uns de ses missionnaires au secours de l'Irlande. Si, pour M. Vincent, l'appel d'un évêque était un signe plus assuré de la volonté de Dieu que la parole même d'un ange, avec quels sentiments de confusion et de dévouement absolu dût-il recevoir les ordres du vicaire de Jésus-Christ! Il choisit huit de ses meilleurs ouvriers, et, après leur avoir donné ses paternelles instructions, il les envoya au combat.

Les prêtres de la mission se montrèrent à la hauteur de leur tâche. Tout en se dérobant aux bandes armées qui battaient la campagne, ils trouvèrent le moyen de prêcher, de faire le catéchisme, d'entendre des milliers de confessions générales, d'organiser les cérémonies habituelles des missions. Les évêques de ce malheureux pays envoyaient à M. Vincent des lettres pleines de louanges sur la conduite de ses prêtres, et de la plus vive reconnaissance.

Le zèle des missionnaires ne s'arrêta pas même à l'Irlande. Ils passèrent en Écosse, où le fanatisme des sectes leur fit courir des périls plus grands encore, et jusque dans les îles Hébrides et Orcades. Partout la mission donnait des fruits admirables.

POLOGNE (1651-1660)

Toutes les nations chères au cœur français ont été, par une singulière disposition de la divine Providence, les clientes de Vincent de Paul. Après l'Irlande, voici la non moins sympathique Pologne.

Elle n'était pas encore, à cette époque, comme l'Irlande, conquise et persécutée ; mais elle s'acheminait vers sa perte. Au dedans, elle souffrait d'un double mal : l'hérésie, et les troubles politiques, résultat inévitable d'une constitution qui, en rendant la royauté élective, avait donné tout le pouvoir à la noblesse. Au dehors, elle était la proie convoitée par ses ambitieux voisins, les Moscovites et les Turcs. A ces ennemis héréditaires il fallait ajouter alors les Suédois qu'avaient attirés sur le continent les péripéties de la guerre dont l'Allemagne était, à ce moment, le théâtre.

En 1651, le trône de Pologne était occupé par un prince qui avait d'abord embrassé l'état ecclésiastique. Jésuite et cardinal, à la mort de son frère, il fut élu pour succéder à ce dernier ; le Souverain Pontife le releva de ses vœux. Il est appelé dans l'histoire Jean-Casimir V. La reine, veuve du dernier roi, était une princesse française, Marie-Louise de Gonzague. Le nouveau monarque l'épousa, et elle exerça jusqu'à sa mort une puissante et heureuse influence sur les destinées de la Pologne.

Marie-Louise de Gonzague avait connu beaucoup, à Paris, saint Vincent de Paul ; elle avait fait partie de la compagnie des dames de l'Hôtel-Dieu. Elle eut donc tout naturellement l'idée d'appeler le saint prêtre au secours de son peuple. Elle lui écrivit pour lui demander des missionnaires.

M. Vincent confia la direction de cette lointaine mission au plus distingué de ses prêtres, à son assistant, M. Lambert. Sous la conduite de ce chef, les missionnaires déployèrent un zèle vraiment héroïque. Ils trouvèrent le pays ravagé par tous les fléaux à la fois : la guerre, la peste, la famine. Ils se dispersèrent sans compter avec les périls ou avec les fatigues ; presque tous payèrent de la vie leur sublime dévouement.

Les Filles de la charité ne tardèrent pas à les suivre pour aller soigner les pestiférés. La reine leur céda une partie de son palais ; elle passait avec elles les meilleures heures de sa journée, reprenant ainsi ses anciennes fonctions de dame de charité.

Saint Vincent, comme tout bon français, aimait la

Pologne; comme tout bon catholique, il s'alarmait à la pensée que ce beau royaume pourrait être, lui aussi, après tant d'autres, perdu pour la véritable Église de Jésus-Christ. Le bruit d'une grande bataille perdue par Jean-Casimir contre les Suédois s'étant répandu à Paris : « Ce sont nos péchés, s'écriait le saint, qui en sont la « cause. Affligeons-nous pour l'Église qui va être per« due en ce pays-là, si le roi vient à succomber. Elle va « tomber entre les mains de ses ennemis. Le Mosco« vite tient deja plus de cent lieues d'étendue, et voilà « le reste en danger d'être envahi par le Suédois. C'est « un malheur déplorable que celui que nous voyons « devant nos yeux ; six royaumes ôtés de l'Église, à « savoir : la Suède, le Danemark, la Norwège, l'An« gleterre, l'Écosse, l'Irlande; outre cela, la Hollande « et une grande partie de l'Allemagne. O Sauveur, « quelle perte ! Et, après cela, nous sommes encore à la « veille de voir le grand royaume de Pologne perdu, si « Dieu, par sa miséricorde, ne l'en préserve. Il est bien « vrai que le Fils de Dieu à promis qu'il serait dans son « Église jusqu'à la fin des siècles; mais il n'a pas pro« mis que cette Église serait en France ou en Espagne... »

Pour obtenir ce qu'il désirait tant, la conservation de la foi catholique en Pologne, saint Vincent ne cessait de demander à sa communauté des jeûnes et des prières. Presque toutes les fois que la communauté était assemblée, après l'oraison, après les conférences, en toute occasion, il insistait sur cette recommandation avec des soupirs et des larmes. Et lui-même pratiquait, à la même intention, les plus austères œuvres de pénitence.

ITALIE.

Les prêtres de la congrégation établis à Rome, Gênes, Turin, fidèles à l'esprit de leur institut, donnèrent des missions autour d'eux. Ces missions d'Italie furent remarquables entre toutes par le nombre et l'éclat des réconciliations. Chacun sait que, dans ce pays, les inimitiés et les vengeances sont passées à l'état d'institution ; certaines familles, surtout à cette époque, avaient des ennemis héréditaires, officiellement reconnus et traités comme tels. Si on se rencontrait, les armes devaient sortir du fourreau et le sang couler. Or ces mêmes gentilshommes, qui ne sortaient qu'avec pistolets et poignards à la ceinture, ayant fait serment de plonger leur dague dans le cœur de leur ennemi, on les voyait, pendant la mission, aller au-devant de cet ennemi, l'embrasser, lui jurer un pardon irrévocable. Les missionnaires ne se contentaient pas même des promesses ; l'état d'inimitié ayant eu un caractère public et authentique, ils exigeaient un acte solennel de réconciliation passé devant notaire.

Une autre plaie bien connue de l'Italie, c'est le brigandage organisé. Qui n'a entendu parler de ces bandes de malfaiteurs exploitant les grandes routes, rançonnant les campagnes, terrorisant parfois toute une contrée. La force armée s'est montrée trop souvent impuissante à réprimer ce désordre ; les missionnaires de saint Vincent de Paul furent plus hardis et plus heureux que les gendarmes. Ils allaient chercher les bandits dans leurs bois ; ils leur présentaient la croix de Jésus-Christ, ils leur promettaient le pardon au nom de Dieu et au nom de l'État, ils ramenaient des troupes entières de ces malheureux repentants et prêts à expier leurs crimes.

ALGÉRIE (1642-1660)

En racontant la captivité de saint Vincent de Paul à Tunis, nous avons dit comment les corsaires mahométans de la côte africaine étaient la terreur et le fléau de la Méditerranée. En moyenne vingt mille esclaves français, italiens, espagnols, anglais subissaient une dure captivité sur ce rivage, si justement nommé alors la Barbarie. Les missionnaires témoins oculaires des souffrances de ces infortunés les décrivent en ces termes :

« Les Mahométans logent leurs esclaves en de certains lieux qu'ils appellent bagnes. Représentez-vous de grandes écuries où il y a deux cents, trois cents, ou quatre cents chevaux en chacune : voilà une image de ces lieux, avec cette différence que les chevaux sont bien nourris et bien pansés, et que les chrétiens sont dans l'ordure, dans la misère et dans le dernier abandon ; selon la fantaisie de leurs patrons ou de celui qui les garde, ils sont battus à outrance et quelquefois jusqu'à mourir ou en demeurer estropiés le reste de leurs jours... On les emploie à ramer sur les galères, à scier le marbre, exposés aux rayons d'un soleil ardent. Un pauvre esclave fort âgé se trouvant accablé de fatigue demande congé de se retirer ; il n'a d'autre réponse sinon que, dût-il crever, il faut travailler. »

La France avait bien un droit de protection sur tous les étrangers établis en Barbarie. Henri IV avait fait sanctionner ce droit par le sultan en 1604. Mais ce droit était bien peu efficace. Les consuls entretenus par Sa Majesté très-chrétienne, à Alger et à Tunis, étaient si peu en état de protéger les autres, que sous le plus futile prétexte, ils se trouvaient exposés eux-mêmes aux plus mauvais traitements.

Saint Vincent n'avait pas été en vain témoin de si grands malheurs. Son cœur saignait toujours au souvenir des maux de ses anciens compagnons de captivité. Il ne désirait rien tant que de pouvoir les secourir. En 1642, Louis XIII le chargea officiellement de venir en aide aux pauvres esclaves de Barbarie. D'après les clauses du traité intervenu entre le roi de France et le sultan, les consuls étaient en droit d'avoir dans leurs maisons un prêtre catholique et une chapelle pour l'exercice de leur culte. C'est en cette qualité d'aumôniers des consulats, que les prêtres de la mission arrivèrent dans les lieux, théâtre de tant d'horreurs. Leur zèle, sans cesse excité et dirigé par les lettres de Vincent, embrassa toutes les œuvres que commandait la situation. Ils travaillaient d'abord au rachat des captifs ; quand les galères rentraient au port remplies de leur butin humain, quand les captifs étaient jetés sur la place publique, les missionnaires étaient là ; ils rachetaient autant de malheureux que le permettaient les ressources disponibles. Saint Vincent se multipliait, avait recours à toutes les pieuses industries, pour faire passer des fonds destinés à ce saint usage. Il envoyait en moyenne soixante-dix mille livres par an.

On n'oubliait pas non plus ceux qui étaient dans les fers. Une des afflictions de ces infortunés était l'impossibilité de faire connaître à leurs familles leur triste situation. M. Vincent s'établit le correspondant universel des bagnes de la Barbarie. Il recevait, à ses frais, toutes les lettres, se chargeait de découvrir le domicile des destinataires et de transmettre les réponses. De plus, quand les parents étaient trouvés, il les aidait à recueillir la rançon du captif. Des milliers de malheureux ont été ainsi arrachés aux ignominies et aux tortures.

Les âmes des prisonniers chrétiens étaient le principal objet du zèle et de la charité des missionnaires envoyés par saint Vincent de Paul. Ils passaient leurs nuits dans les bagnes. Dans chacun de ces tristes réduits, ils avaient élevé un autel. Là se faisaient de grand matin les exercices religieux. Le Dieu du ciel descendait au milieu des plus malheureux de ses enfants ; on faisait des confessions générales ; des hérétiques abjuraient l'erreur ; des renégats demandaient l'absolution de leur apostasie. Pendant le jour, les prêtres accompagnaient les captifs à leurs pénibles travaux, les instruisant, les encourageant. Les esclaves répondirent admirablement aux soins qui leur étaient donnés ; on vit parmi eux des martyrs résister à toutes les persécutions pour conserver leur foi, avec un courage digne des premiers siècles chrétiens.

MADAGASCAR (1648-1660)

Le nom et l'action de saint Vincent de Paul, en Afrique allèrent plus loin que la côte algérienne. Il faut que nous trouvions la trace de ce précurseur providentiels partout où devait s'établir l'influence de la France.

Il s'écriait quelquefois : « Qu'heureuse, ô qu'heu « reuse est la condition d'un missionnaire qui n'a « point d'autres bornes de ses missions et de ses tra- « vaux pour Jésus-Christ, que toute la terre habitable ! « Pourquoi donc nous restreindre à un point, et nous « prescrire des limites, puisque Dieu nous a donné « une telle étendue pour exercer notre zèle. »

Dieu vit d'un œil favorable de pareils sentiments. Il fit à son dévoué serviteur et aux prêtres de la Mission leur part dans le monde nouveau qu'avait à conquérir le zèle des ouvriers apostoliques. La congrégation de la Propagande; chargée de partager entre les ordres religieux les pays infidèles, assigna à la communauté de saint Vincent de Paul l'île de Madagascar.

Cette mission fut pour son cœur de père l'occasion des plus cruelles douleurs. Les missionnaires envoyés périssaient, les uns dans le voyage, les autres après quelques mois de séjour dans l'île. Rien ne décourageait les prêtres de la congrégation : de nombreux ouvriers demandèrent avec instance à remplacer ceux qui venaient de tomber. Rien ne découragea le saint supérieur. Il donna dans cette circonstance une admirable preuve de la constance des hommes de Dieu à poursuivre les saintes entreprises commencées. Un an avant sa mort, saint Vincent apprenait que tous les missionnaires de Madagascar avaient succombé, excepté celui qui lui écrivait. Il s'empressait d'envoyer à cet unique survivant cinq nouveaux compagnons, et il terminait ainsi sa lettre : « Priez Notre-Seigneur pour moi, s'il « vous plaît, car je ne la ferai pas longue, à cause de « mon âge et de mes mauvaises jambes qui ne veulent « plus me porter. Je mourrais content si je savais que « vous vivez, et quel nombre d'enfants et d'adultes « vous avez baptisés. Mais si je ne le puis apprendre en « ce monde, j'espère de le voir devant Dieu en qui je « suis, etc. »

CHAPITRE XXII

LES GUERRES (1635-1660)

L'histoire vient nécessairement se mêler au récit de la vie d'un saint, quand ce saint s'est fait, dans la société contemporaine une place pareille à celle de Vincent de Paul, à Paris, au milieu du XVIIe siècle. L'amour de Dieu est le plus sûr moyen d'être toujours à la hauteur des devoirs imposés par les circonstances. Les malheurs publics eux-mêmes fournissent au vrai chrétien l'occasion de grandir aux yeux de Dieu et aux yeux des hommes. Nous allons en voir la preuve.

Pendant la vieillesse de saint Vincent de Paul, la France ne cessa presque pas d'être en guerre avec ses puissantes voisines, l'Autriche et l'Espagne. Nous n'avons ici ni à raconter, ni à juger ces luttes. Richelieu pensa que la sécurité et la grandeur de la France exigeaient l'abaissement de la maison d'Autriche établie à la fois et sur les bords du Rhin et aux pieds des Pyrénées. Il se ligua dans ce but avec les princes protestants d'Allemagne, qui avaient déjà depuis longtemps commencé contre l'empereur la guerre dite de Trente ans. La lutte fut opiniâtre, on se battit en même temps en Italie, en Suisse, dans les provinces rhénanes, dans les Pays-Bas. Chaque année, suivant la manière alors pratiquée de faire la guerre, la campagne recommençait avec des alternatives de succès et de revers. Richelieu et son roi Louis XIII descendirent dans la tombe sans avoir vu le triomphe définitif de leur politique. Pendant la minorité de Louis XIV, les éclatantes victoires du grand Condé à Rocroy, Fribourg, Nordlingen et Lens, obligèrent enfin l'empereur à signer la paix de Westphalie (1648). Par ce traité célèbre, le dualisme religieux était établi en Allemagne, et la prépondérance de la France s'affirmait en Europe. L'Espagne pourtant ne posa pas encore les armes. Elle continua à fomenter des troubles, à soutenir les séditieux, à livrer des combats dans le Midi et le Nord de la France, jusqu'au traité des Pyrénées signé en 1659.

Saint Vincent de Paul n'assistait pas indifférent à ces grandes révolutions. Du fond de sa cellule de Saint-Lazare, il suivait d'un œil attentif la marche des événements. A chaque nouvelle, son âme si française et si catholique était émue. Il s'accusait lui-même des maux de l'Eglise et de la Patrie. Avec une sainte liberté, il ne craignait pas d'y voir un châtiment des mœurs trop relachées du temps. Le jour, par exemple, où l'on apprit les succès foudroyants de l'armée suédoise contre les catholiques allemands, il laissait déborder les sentiments de son cœur et parlait ainsi à la communauté :

« Oui, nous sommes la cause de cette désolation qui « ravage l'Église. Ce redoutable roi de Suède, nous « devons craindre que Dieu l'ait suscité pour nous « punir de nos désordres. Ce sont les mêmes ennemis « dont Dieu s'est servi autrefois pour le même effet; « car c'est des Goths, Visigoths et Vandales sortis de « ces quartiers-là, dont Dieu s'est servi, il y a douze « cents ans, pour affliger son Église. O Seigneur, qui

« sait si ce redoutable conquérant en demeurera là ? » Et le saint alarmé terminait par ces paroles que nous ne pouvons pas lire sans songer aux blessures encore saignantes de la patrie : « *Ab aquilone pandetur omne* « *malum*. Du Nord doivent venir tous les malheurs, « c'est de là que sont venus les maux que nos ancêtres « ont soufferts, et c'est de ce côté là que nous devons « tout craindre. »

L'amour de saint Vincent pour la France savait se manifester autrement que par des paroles éloquentes. En 1636, les ennemis commandés par le prince Thomas et Piccolomini, forcèrent les frontières de la Picardie. Grande fut l'épouvante quand on apprit à Paris que, le 15 août, la place de Corbie était tombée au pouvoir des Espagnols; quelques détachements de l'ennemi parurent jusqu'aux portes de la capitale. Les Parisiens éclatèrent en murmures. La cour effrayée parlait déjà de passer la Loire et de se retirer à Blois. Pendant que les habitants de Paris cherchaient à gagner les provinces, ceux de la Picardie et des contrées envahies accouraient en foule se réfugier à Paris. Une multitude de femmes et de jeunes filles affolées inondait les grandes routes. Saint Vincent de Paul se montra, dans le trouble général, l'homme de la Providence. La maison des Filles de la Charité était à La Chapelle, au nord de Paris, par conséquent sur la route des fuyards. Le saint ordonna à Mlle Le Gras d'ouvrir toutes grandes les portes de sa maison et d'y accueillir toutes les personnes du sexe à qui la terreur faisait abandonner leurs foyers. La courageuse fondatrice s'empressa d'obéir à cet ordre ; elle était heureuse de soulager une infortune, et aussi d'apprendre à ses filles, par son exemple, qu'elles ne devaient pas avoir peur du bruit des combats, qu'elles étaient faites pour la guerre comme pour la paix.

Bientôt même les Sœurs de Charité commencèrent à paraître au milieu des armées. Saint Vincent en envoya quelques-unes aux ambulances et hôpitaux militaires du Nord. Deux de ces saintes filles succombèrent à Calais. M. Vincent les recommandait en ces termes aux prières de la communauté : « Les voilà qui « ont succombé sous le faix. Imaginez-vous ce que c'est « que quatre pauvres filles à l'entour de cinq ou six « cents soldats blessés ou malades. Ne vous semble-t-il « pas que c'est une action de grand mérite devant « Dieu que des filles s'en aillent avec tant de courage « et de résolution parmi les soldats, les soulager en « leurs besoins et contribuer à les sauver : qu'elles « aillent s'exposer ainsi à de grands travaux et à la « mort ? » La postérité a répondu à cette interrogation du saint fondateur ; elle a répondu par un cri unanime d'admiration.

Saint Vincent paya aussi personnellement sa dette à la patrie. Quand l'ennemi est aux portes, tout le monde est soldat d'une certaine manière, tous doivent aider, en quelque façon, à la délivrance du sol sacré. Richelieu avait mis sur pied une armée de cinquante mille hommes destinée à venger promptement l'échec passager des armes françaises devant Corbie. Il fallait préparer, exercer les nouvelles recrues. Saint Vincent offrit pour cela la vaste maison et l'immense enclos de Saint-Lazare. Le vieux monastère se vit subitement transformé en place d'armes. « Le roi, » écrit le saint, dresse une armée ; et le lieu où se » dressent et s'arment les soldats nouvellement » enrôlés est ici ; l'étable, le bûcher, les salles et le » cloître sont pleins d'armes, et les cours, de gens de » guerre. Ce saint jour de l'Assomption n'est pas » exempt de ces embarras tumultueux ; le tambour » commence d'y battre, quoiqu'il ne soit encore que » sept heures du matin : de sorte que depuis huit jours » il s'est dressé ici soixante-douze compagnies. »

L'Église ne se contente pas de mettre à la disposition de la Patrie éprouvée les demeures, en d'autres temps si paisibles, des prêtres et des religieux. Elle envoie aussi ces mêmes prêtres et religieux sur les champs de bataille, non pas sans doute avec les armes à la main, mais pour y remplir une mission non moins noble et décisive. On peut participer à un combat autrement qu'en frappant ; l'officier rapporte bien souvent de la mêlée son épée vierge de sang ; mais il a exhorté, dirigé, marché devant ; on estime que c'est lui qui a vaincu. L'aumônier non plus ne fait pas une égratignure à l'ennemi ; mais il a aussi son moyen à lui de verser le courage dans l'âme du soldat chrétien.

Saint Vincent de Paul envoya donc ses prêtres à l'armée en qualité de missionnaires, ou d'aumôniers volontaires, comme on dirait aujourd'hui. Lui-même partit pour Senlis où le roi s'était transporté. Le bien opéré par les prêtres de la Mission fut considérable. L'un écrit qu'il a pour sa part confessé trois cents soldats. M. Vincent écrit de son côté que « quatre mille soldats ont déjà fait leur devoir au tribunal de la pénitence, avec grande effusion de larmes, et qu'il espère que cela ne nuira pas au bon succès des armées du roi ».

Ces services rendus à la patrie, pendant la guerre, par notre saint, ne parurent presque rien, aux yeux des contemporains, en comparaison de ce qui nous reste à dire. Ce qui frappa l'attention publique d'une manière exceptionnelle, ce qui fit exalter avec enthousiasme le nom de M. Vincent, ce fut quand on le vit, lui simple particulier, humble religieux, se constituer le réparateur des désastres de la guerre, distribuer des secours aux provinces ruinées comme s'il avait eu un trésor royal à sa disposition, remplir en un mot le rôle de vraie puissance publique en devenant le refuge de toutes les malheureuses victimes de l'invasion.

Les malheurs de l'invasion ! notre génération, hélas ! les a connus. Mais les ravages de la guerre, à notre époque, n'égalent pas les affreuses calamités qu'elle laissait derrière elle, il y a deux ou trois siècles ; qu'on en juge.

Les provinces frontières sont toujours les plus éprouvées ; dans les luttes de 1635 à 1659 ce furent la Lorraine, la Champagne et la Picardie qui eurent le plus à supporter. Les souffrances de ces malheureux pays arrivèrent à un degré de rigueur à peine croyable. Les déprédations des ennemis avaient empêché d'ensemencer les terres ou détruit les récoltes ; la famine par suite vint ajouter ses horreurs aux ravages de la guerre. La mortalité fut telle qu'on ne se donna plus la peine d'ensevelir les morts. De là un nouveau fléau : Les cadavres abandonnés engendrèrent des épidémies redoutables ; on déserta les campagnes, les villes elles-même se dépeuplèrent. Des bandes de loups se répandirent de tous côtés. Il faut entendre raconter cette désolation par les témoins oculaires. Nous avons les lettres des missionnaires envoyés par saint Vincent au secours de ces pauvres populations ; qu'on nous permette de citer quelques lignes de cette correspondance.

L'un nous montre « des personnes de tout rang et de toute condition dans la plus affreuse indigence ; les religieuses, même les plus réformées, obligées de quitter leur clôture pour aller mendier leur pain ; les prêtres réduits à labourer la terre ». — « Après, continue-t-il, « que les habitants eurent été réduits à se nourrir des « charognes demi-pourries, ils devinrent eux-mêmes « la pâture des bêtes carnassières ; l'on vit courir de « tous côtés des loups affamés qui mettaient en pièces « et dévoraient les femmes et les enfants, même en « plein jour, à la vue de tout le monde. Plusieurs de « ces pauvres créatures furent tirées de leurs griffes, « fort blessées et demi-mortes. Ces loups étaient si « acharnés qu'ils allaient dans les bourgs et les villages, « et, la nuit, dans quelques villes, par les brèches des « murailles. »

A Metz, « le nombre des pauvres est si grand, qu'il « s'en trouve aux portes quelquefois jusqu'à quatre ou « cinq mille de tout âge et de tout sexe ; et le matin, « on en trouve ordinairement dix à douze de morts ».

A Saint-Mihiel, le missionnaire fait la rencontre d'une veuve qui venait d'écorcher une couleuvre et la faisait rôtir pour le repas de ses trois enfants.

De Laon, les missionnaires écrivent : « C'est un « sujet de grande compassion de voir une multitude de

« malades partout. Ils sont couverts de gale, de tu-« meurs et aposthumes, parce qu'ils n'ont mangé, « toute l'année, que des racines d'herbes, de méchants « fruits, et quelques-uns du pain de son tel qu'à peine « les chiens en voudraient manger. »

A Soissons, et dans les villages environnants, on trouve les habitants « couchés sur la terre, dans des « maisons à demi démolies : les vivants avec les morts, « les petits enfants auprès de leurs mères mortes ».

A Saint-Quentin, « la famine est telle que nous « voyons les hommes mangeant la terre, déchirant les « méchants haillons dont ils sont couverts pour les « avaler ; mais ce que nous n'oserions dire, et qui fait « horreur, ils se mangent les bras et les mains et meu-« rent dans le désespoir ».

En face de cet abîme désespérant de calamités, un homme se leva, appelant à lui les bonnes volontés et les dévouements, rappelant que ce n'est pas assez de pousser des lamentations impuissantes ; que, si la tâche à accomplir est immense, il faut faire au moins ce qu'on peut.

Saint Vincent se mit donc à prêcher la cause des victimes de la guerre, à la ville, à la cour. Les dames de charité, ses collaboratrices fidèles, allaient frapper à toutes les portes. Les offrandes affluèrent. Il y a toujours dans une société un foyer de charité tout prêt à s'embraser. Il ne faut qu'une étincelle tombant sur des matières inflammables pour que le feu éclate : il ne faut aussi que la parole d'un homme de cœur réveillant les âmes généreuses pour faire jaillir des prodiges.

M. Vincent fut cet homme providentiel. Il confiait

les dons recueillis à ses prêtres, et ceux-ci allaient sur les lieux mêmes faire la distribution des secours. Un seul missionnaire a fait cinquante-trois fois le voyage de Lorraine, portant, chaque fois, de vingt-cinq à trente mille livres. Dans ces voyages si fréquents au milieu d'un pays plein d'ennemis et infesté par les brigands, le messager de la charité fut toujours miraculeusement protégé. Il eut même des aventures, et la reine mère aimait à se les faire raconter. « Quelquefois, dit Abelly, passant à travers des bois remplis de voleurs ou de soldats débandés, sitôt qu'il les entendait ou apercevait, il jetait dans quelque buisson ou dans la boue sa bourse qu'il portait ordinairement dans une besace déchirée, et puis s'en allait droit à eux ; ils le fouillaient quelquefois, le laissaient aller sans lui faire aucun mal, et lorsqu'ils s'étaient écartés, il revenait sur ses pas, pour reprendre sa bourse. Un soir, ayant rencontré des voleurs, ils le menèrent dans un bois pour lui faire peur, et n'ayant rien trouvé sur lui, ils lui demandèrent s'il ne payerait pas bien cinquante pistoles pour sa rançon ; à quoi ayant répondu que s'il avait cinquante vies, il ne pourrait les racheter d'un gros de Lorraine, ils le laissèrent aller. »

Saint Vincent fit ainsi passer en Lorraine, en Picardie et en Champagne, plus de deux millions de livres. Il y envoya des convois entiers de vêtements, de chaussures, de remèdes. On compta jusqu'à quatorze mille aunes de draperies. Il expédiait des outils aux artisans, des grains pour ensemencer les champs.

C'était merveille d'assister à la distribution de tous ces secours. Les missionnaires demandèrent s'ils devaient se faire délivrer, par les magistrats des villes, des certificats pour les sommes d'argent ou les objets en nature ainsi donnés aux indigents : « Ceci n'est pas « nécessaire, dit le saint, c'est assez que le bon Dieu « l'ait vu. »

Quelques maires cependant ne purent s'empêcher d'adresser au vénéré supérieur de Saint-Lazare le témoignage écrit de leur admiration et de leur reconnaissance. Dans ces lettres, on l'appelle la Providence des provinces ruinées ; on le remercie d'avoir arraché *aux griffes de la mort* des populations entières. Si un missionnaire venait à succomber sur ce champ d'honneur, toute la ville, magistrats en tête, suivait le cortège de l'humble prêtre.

Nous avons vu, après les malheurs de la France en 1871, créer des orphelinats de la guerre ; saint Vincent de Paul recueillit à lui seul huit cents orphelins et pourvut à leur entretien jusqu'au moment où ils purent se suffire.

Un sujet d'orgueil pour l'esprit moderne est d'avoir fait proclamer la neutralité des ambulances. M. Vincent encore en cela fut un précurseur. Il multiplia tout le temps de la guerre les démarches, il usa de toute son influence pour mettre les hôpitaux de la frontière à l'abri des entreprises des combattants.

Sa charité s'étendait jusqu'à ceux qui tombaient sur le champ de bataille. Pour n'en citer qu'un exemple : après le combat de Saint-Étienne et Saint-Souplet, quinze cents ennemis restèrent sur la place ; personne ne songeait à leur rendre les derniers devoirs. Saint Vincent manda au missionnaire qui évangélisait ces parages d'en prendre soin. Lui-même envoya les sommes nécessaires pour cela ; ces cadavres, déjà à demi pourris, reçurent enfin une sépulture convenable.

En recevant, chaque jour, les lettres de ses prêtres témoins de tant d'horreurs, M. Vincent sentait grandir dans son âme un sentiment de pitié pour les malheureux et de réprobation pour cette guerre interminable. Un seul homme, aux yeux de la France, était l'auteur de tous ces maux. Cet homme avait du génie, c'est possible ; le but qu'il poursuivait était celui d'un habile politique, soit encore. Mais tant d'innocents voués à la souffrance et à la mort ! tant de désolations accumulées sur un pays ! Le cœur du saint n'y tint plus. Non content de réparer, suivant son pouvoir, les calamités de la guerre, il résolut d'arrêter, s'il le pouvait, la guerre elle-même. Nous l'avons déjà vu se présenter une fois devant Richelieu, pour plaider la cause de l'Irlande; il ne craignit pas de tenter en faveur d'une partie de la France saccagée et ruinée une démarche semblable. Un jour donc il demanda audience au cardinal : « Après lui avoir exposé, raconte Abelly, avec toute sorte de respect, la souffrance du pauvre peuple, il se jeta à ses pieds, en lui disant : « Monseigneur, donnez-nous la paix ; ayez pitié de nous, donnez la paix à la France. » Ce qu'il répéta avec tant de sentiment que le tout-puissant ministre en fut touché. » Malheureusement la politique a des exigences qui parlent plus haut qu'aucune autre voix dans l'âme des maîtres du monde. Richelieu répondit évasivement et le sang continua de couler.

CHAPITRE XXIII

A LA COUR

Il y a bien loin, et il y avait bien loin surtout alors, de la chaumière d'un paysan landais au palais des rois de France, à ce lieu, objet de tant de convoitises : la cour. Mais il est donné à la sainteté d'élever l'homme de toute façon ; en le rapprochant de Dieu, elle ne laisse au-dessus de lui nulle grandeur humaine. L'ancien petit pâtre de Pouy entra donc dans les salons du Louvre. Il lui avait suffi pour cela d'avoir mérité qu'on plaçât déjà devant son nom le titre de saint.

Les œuvres dont Saint-Lazare était le foyer jetaient trop d'éclat pour que le nom de M. Vincent ne fût pas arrivé jusqu'au roi. Quand Louis XIII sentit sa fin approcher, il demanda au saint prêtre de se rendre auprès de lui, à Saint-Germain-en-Laye, de lui apporter les secours de ses conseils et de son ministère. Vincent de Paul dut se rendre à un semblable appel. On a conservé le souvenir du premier salut échangé entre le prêtre et le royal malade. « Sire, dit le prêtre, sans plus de détours et de ménagements, *timenti Deum bene erit in extremis,* pour celui qui craint Dieu la mort sera douce. » Ces paroles sont la première partie d'un verset de la sainte Écriture. Le roi, faisant preuve d'une connaissance des Lettres sacrées, plus commune alors qu'aujourd'hui, termina le verset :

« *Et in die defunctionis suæ benedicetur*, et au jour de son trépas, il sera béni. »

Le pieux monarque demandait à saint Vincent quelle était la meilleure préparation à la mort. Recueillons précieusement une réponse qui n'intéresse pas seulement les rois : « La meilleure préparation à la mort, « répondait le saint, c'est de se conformer à Notre « Seigneur qui s'y préparait par une entière et parfaite « soumission à la volonté de son père, s'écriant : Que « votre volonté soit faite et non la mienne. » Et Louis XIII, avec des sentiments dignes de son titre de roi très chrétien, répliquait : « O Jésus, je veux le « dire jusqu'au dernier soupir de ma vie, que votre « volonté soit faite ! »

Un autre jour, le saint directeur parlait des grâces reçues, du compte qu'il faudra rendre à Dieu pour les emplois exercés ; et le roi pensait avec terreur à la manière dont il avait nommé aux charges, surtout aux charges ecclésiastiques : « Oh ! Monsieur Vincent, « s'écriait-il, si je revenais en santé, tous les évêques « iraient passer trois ans chez vous. »

C'est dans ces sentiments que s'éteignit, à l'âge de quarante-deux ans, le 14 mai 1643, le plus saint de nos rois après saint Louis. Le crucifix que Vincent avait alors dans les mains, qu'il présenta aux derniers baisers du monarque, a été conservé ; c'est celui que l'on voit reposant sur la sainte dépouille du bienheureux, dans la chapelle des Pères Lazaristes, à Paris.

Le successeur de Louis XIII était un enfant de cinq ans. La reine Anne d'Autriche gouverna le royaume en qualité de régente. Le prêtre dont elle avait admiré le dévouement et la vertu, auprès du lit de mort du roi, eut toute sa confiance. Elle aussi, comme Louis XIII, à ses derniers moments, plaçait au rang de ses plus sérieuses préoccupations le soin de pourvoir aux évêchés et autres grands bénéfices ecclésiastiques. Pour diminuer le poids d'une telle responsabilité, elle forma ce qu'on appela le *Conseil de Conscience*. Ce conseil nommait aux charges vacantes et veillait à tous les intérêts de l'Église, en France. Le premier que la régente voulut y appeler fut Vincent de Paul ; les autres membres étaient Mazarin, le Chancelier de France et le Pénitencier de Paris.

Quand le messager royal apporta à Saint-Lazare la lettre de nomination, l'humble serviteur de Dieu tomba dans un étonnement extrême. Dès qu'il fut un peu remis, son premier soin fut de courir au Louvre, pour représenter à la reine combien il était peu propre à un pareil emploi. Il espérait bien descendre, débarrassé de son fardeau, l'escalier du palais ; il n'en fut rien. La régente persista dans sa résolution ; elle demanda au saint prêtre ce témoignage de dévouement aux intérêts du roi. Vincent dut obéir, mais il ne consentit jamais qu'à titre provisoire. Tous les jours il demandait au bon Dieu de l'en délivrer. Il a avoué à une personne de sa confiance que, depuis le jour de sa nomination, il n'avait jamais célébré la messe sans prier à cette intention. Une fois qu'il s'était retiré pour quelques semaines, hors de Paris, le bruit courut qu'il était disgrâcié. A son retour, comme un de ses amis lui faisait compliment de la fausseté de la nouvelle : « Ah ! misérable, s'écria-t-il en se frappant la poitrine, je ne suis pas digne de cette grâce! »

Si M. Vincent ne put faire agréer de la reine son refus de siéger au Conseil, il la pria du moins de trouver bon qu'il ne vînt au palais que quand il y serait appelé par les devoirs de sa charge. Et il tint fermement sa parole; on ne vit jamais le saint prêtre dans les réunions de la cour. Il n'allait au Louvre qu'avec des dossiers sous le bras. Il s'y rendait monté sur un cheval dont il entendait bien qu'on se servît, en dehors de là, pour la charrette ou le labour; sur un cheval si vieux que, de temps en temps, le pauvre animal s'abattait sous son maître. Il ne consentit jamais à revêtir une soutane neuve pour se présenter devant la reine; il ne voulait pas être habillé dans ces circonstances autrement que dans les missions. Un jour, le cardinal Mazarin, le prenant par sa ceinture qui était toute déchirée, le fit considérer à toute la compagnie en disant: « Voyez comme M. Vincent « vient habillé à la cour, et la belle ceinture qu'il « porte. »

A l'une des premières réunions du Conseil, le prince de Condé était présent et voulait obliger notre saint à s'asseoir à ses côtés. « Monseigneur, répondit l'humble « prêtre, ce m'est trop d'honneur que Votre Altesse « me souffre en sa présence, moi qui ne suis que le fils « d'un pauvre porcher. » La discussion s'engagea; le prince, ravi d'entendre M. Vincent, ne put s'empêcher de s'écrier: « Hé quoi, Monsieur, vous prêchez par- « tout que vous êtes un ignorant, et vous résolvez en « deux mots les plus grandes difficultés. »

Saint Vincent usa de son influence pour faire

nommer les plus dignes aux évêchés, défendre les monastères contre les vexations injustes, rappeler au devoir des abbés trop mondains, faire cesser les représentations scandaleuses données par certains théâtres, réprimer la licence des écrits impies. Il travailla aussi à guérir une des grandes plaies de l'époque : la fureur des duels. En parlant des efforts tentés par le saint pour abolir cet usage sauvage, Abelly estime que « M. Vincent a sauvé ainsi la vie du corps et de l'âme « à *un million* de gentilshommes français. »

C'est surtout dans les affaires du jansénisme que la présence de Vincent dans le Conseil ecclésiastique parut le fait de la divine Providence. Le saint prêtre fut l'âme des mesures prises contre la secte. La cour de Rome le chargeait de préparer l'esprit de la régente, du roi et des princes, à bien accueillir la bulle de condamnation. Il entretenait avec les évêques une correspondance continuelle, et, dans cette correspondance, son humilité n'éclata pas moins que son zèle. Ce sont toujours des expressions comme celles-ci : « mes respects les plus profonds », — « vos commandements », — « si j'étais digne d'être écouté en vous exprimant ma pensée », — « je rougis de honte », etc.

Son désintéressement fut toujours admirable; tous les bénéfices de France étaient à sa disposition; il n'en réserva aucun pour les prêtres de sa Congrégation. Pendant quelque temps la rumeur publique annonça qu'il allait être nommé cardinal; la chose n'eut pas lieu, et l'on pensa que son humilité avait été assez éloquente pour dissuader la régente d'un pareil dessein.

On vint, un jour, lui offrir mystérieusement une

somme de cent mille livres, s'il voulait appuyer, dans le Conseil, quelques propositions préjudiciables aux intérêts du clergé : « Dieu m'en garde, répondit-il ; « j'aimerais mieux mourir que de dire une seule parole « pour ce sujet. »

Si saint Vincent ne voulut jouir d'aucun des avantages attachés à la faveur des souverains, il connut les inconvénients des hautes positions. Il fut plus d'une fois obligé de mécontenter de grands personnages. Il eut à essuyer des plaintes, des murmures ; on est venu, dans sa propre maison, l'outrager et le menacer. Au Louvre même, un jeune gentilhomme s'emporta jusqu'à le traiter de vieux fou ; le saint se mit à genoux et demanda pardon à cet étourdi « de lui avoir donné « l'occasion de dire de telles paroles ».

Un jour, il revenait de Paris à Saint-Lazare. Dans le faubourg Saint-Denis, un ouvrier le reconnaît pour un des conseillers de la Couronne, et se met à l'accabler d'injures, lui reprochant d'être la cause de toutes les misères du temps et de tous les impôts dont le pauvre peuple était chargé. Certes, ces accusations se trompaient bien d'adresse ; néanmoins le saint homme descend de cheval, aux yeux de la foule attroupée, il se met à genoux devant son insulteur, déclare qu'il est un misérable et demande pardon. L'accusateur ne s'attendait pas à cela ; il resta interdit. Le lendemain, il frappait à la porte de Saint-Lazare pour faire ses excuses. Saint Vincent ne le tint pas quitte ainsi ; il entreprit son visiteur étonné sur un autre chapitre, et l'aventure se termina par une retraite suivie d'une bonne confession générale.

CHAPITRE XXIV

LES GUERRES CIVILES (1649-1653)

Saint Vincent eut à payer son titre de conseiller des rois par des mésaventures plus sérieuses que des insultes dans la rue. Tout le monde sait combien fut agité le gouvernement de la régente Anne d'Autriche. L'impopularité de Mazarin, le mécontentement des grands seigneurs, les intrigues du Parlement donnèrent naissance à ces désordres connus dans l'histoire sous le nom de guerre de la Fronde.

On vit bien une fois de plus, au milieu de ces tristes événements, que la sainteté est utile à tout, qu'elle donne des lumières sûres pour toutes les situations de la vie. Pendant que tant d'autres, même des plus intègres et des plus illustres, firent fausse route, Vincent ne dévia pas, un seul instant, du droit chemin : d'une part, fidélité inviolable au roi, c'est-à-dire à la patrie elle-même menacée par l'ambition de l'étranger ; d'autre part, dévouement sympathique aux souffrances du peuple, courage pour apporter jusqu'aux pieds du trône les plaintes légitimes des sujets.

Le 5 janvier de l'an 1649, la reine mère, insultée dans les rues de Paris, s'enfuit, avec ses enfants, au château de Saint-Germain.

Mazarin suivit la cour. Cette retraite laissait le Parlement maître de la capitale. Le Parlement lui-même était dominé par le trop célèbre coadjuteur Paul de

Gondi, le dernier fils de M. de Gondi, près de qui saint Vincent avait si longtemps vécu.

On voit que la position de ce dernier ne laissait pas d'être délicate. Rester à Paris, c'était faire cause commune avec les séditieux. Rejoindre la cour, c'était donner en apparence son approbation à des mesures dont quelques-unes lui semblaient répréhensibles. Huit jours après le départ de la régente, il se décida à quitter lui-même Saint-Lazare. « Pour ne donner aucun ombrage, raconte Abelly, il mit une lettre entre les mains de celui auquel il laissait la conduite de la maison, pour la porter à M. le premier président. Par cette lettre il faisait connaître que Dieu lui donnait le mouvement d'aller à Saint-Germain, faire ce qu'il pourrait pour procurer la paix, et que s'il n'avait pas l'honneur de voir le premier magistrat avant de sortir, c'était pour pouvoir assurer la reine qu'il n'avait concerté avec personne ce qu'il aurait à dire. »

Cette précaution ne réussit pas à empêcher la colère des séditieux. Ils se vengèrent de l'absence du saint en pillant sa maison et ses terres. Sous prétexte de faire la revue des provisions de blé, on pénétra de force dans Saint-Lazare, on alla fouiller et fureter partout, comme s'il y avait eu de grands trésors cachés. Six cents soldats établis dans le couvent se montrèrent très insolents, mirent le feu au bûcher, commirent toutes sortes de déprédations. Les fermes furent dévastées, les troupeaux enlevés, les meubles emportés. Les pertes s'élevèrent à la somme de quarante deux mille livres. En apprenant ces avanies, le saint, comme Job, se contenta de répondre : « Béni soit

Dieu ! beni soit Dieu ! » Et quand la paix fut rétablie, il n'eut pas seulement la pensée de profiter de son crédit pour se faire allouer la moindre indemnité. Il porta plus loin encore le désintéressement et la charité. Les troubles avaient amené la disette ; le pain se vendait vingt-quatre sous la livre. Saint Vincent avait voulu qu'on distribuât, chaque jour, à la porte de Saint-Lazare, du pain et du potage pour deux mille pauvres. Après la pillage du couvent, le premier soin du vrai père des malheureux fut d'écrire qu'on ne cessât pas les distributions accoutumées ; on lui répondit que, dans ce cas, il fallait emprunter une somme considérable ; « qu'on emprunte », répliqua le saint. Et les aumônes continuèrent à la porte de la maison pillée et incendiée.

La démarche de M. Vincent auprès de la cour n'avait pas abouti. Ne voulant pas revenir à Paris, le saint entreprit de visiter les maisons de sa congrégation en province. Il alla successivement à Villepreux, Freneville, Le Mans, Angers.

En traversant le Loir pour se rendre à cette dernière ville, il courut le plus grand danger. Son cheval se coucha dans la rivière. Vincent se croyait perdu, quand des paysans accourus à son secours le retirèrent à grand peine des eaux. « Il remonta à cheval tout trempé, continue l'historien. C'était en carême, il demeura sans manger jusqu'au soir qu'il arriva à une hôtellerie. Là, suivant sa coutume, il se mit à réunir les serviteurs de la maison et à leur faire le catéchisme. La maîtresse voyant cela alla chercher tous les enfants de la bourgade et, sans lui en parler, les fit tous monter en sa chambre. M. Vincent la remercia grandement et les ayant séparés en deux bandes, il en donna une à instruire au prêtre qui l'accompagnait, pendant qu'il faisait le catéchisme à l'autre.

A Reims, le saint fut exposé à un péril d'une autre nature. Un gentilhomme le reconnut à l'hôtellerie. Et comme tout ce qui tenait tant soit peu à la cour était alors odieux, ce gentilhomme dit tout haut : « M. Vincent sera bien étonné si, à deux lieues d'ici, on lui donne un coup de pistolet dans la tête. » Il sortit après cela et alla attendre sur la route le passage du saint. Mais Dieu protégeait ce dernier, et la menace ne fut pas suivie d'effet.

Dans une autre ville de Bretagne, il fut contraint de demander l'hospitalité à une très pauvre auberge. « A peine avait-il fermé l'œil que voici arriver une troupe de paysans qui se mirent à faire la débauche toute la nuit près de lui ; quelques-uns même entrèrent dans sa chambre et firent un étrange bruit. » M. Vincent ne se plaignit point ; le lendemain matin, il alla saluer le premier ces braves gens, leur distribuer des médailles et leur faire le catéchisme.

De Bretagne, il continua son voyage par Nantes, Luçon, Saintes. Mais un vieillard septuagénaire ne pouvait pas affronter impunément tant de fatigues jointes aux rigueurs d'un hiver exceptionnellement froid. A Richelieu, il tomba malade. Dès qu'on l'apprit à Paris, on s'empressa de lui envoyer le frère infirmier dont il était habitué à recevoir les soins. Saint Vincent le reçut avec beaucoup d'affection, ajoutant néanmoins « qu'il regrettait qu'on lui eût donné la peine de venir de si loin pour une carcasse ».

Quand les événements le permirent, le saint revint dans la capitale. La paix n'était pourtant pas encore faite. M. Vincent s'employa de toutes ses forces à la réconciliation si désirée entre le roi et le peuple. Beaucoup d'évêques lui écrivirent ; il les conjurait de ne pas quitter leurs diocèses, d'éclairer le peuple autour d'eux, de dissiper les préventions. Il ne se lassait pas de prier et de faire prier pour le rétablissement de la concorde. Tous les matins, il récitait publiquement, à Saint-Lazare, les litanies du saint nom de Jésus, et arrivé à cette invocation : *Jesu Deus pacis*, Jésus Dieu de paix, il prononçait ces mots avec une onction toute particulière, les répétant toujours par deux fois. A la prière il recommandait de joindre la pénitence. Il établit que trois missionnaires de la communauté jeûneraient, chaque jour, à tour de rôle, pour obtenir la paix. Il conseillait également aux dames de Charité des prières, des jeûnes, des pèlerinages à Notre-Dame ou Sainte-Geneviève, des communions fréquentes, à l'effet de fléchir la miséricorde de Dieu.

Toujours fidèle à sa mission de charité saint Vincent ne négligea pas de réparer les maux des luttes intestines, comme il l'avait fait pour les ravages de la guerre étrangère. La ville d'Étampes fut un des principaux théâtres de son zèle. Cette ville avait souffert plusieurs sièges ; les habitants étaient réduits à la dernière misère ; la plupart étaient malades. « Pour comble de malheur, cette pauvre ville se trouva tout infestée de la peste, à cause des fumiers pourris qui étaient répandus de tout côté,, dans lesquels on avait laissé quantité de corps morts, tant d'hommes que de femmes, mêlés avec des charognes de chevaux et autres bêtes. » Saint Vincent fit nettoyer la ville, donner la sépulture aux morts, désinfecter les rues et les maisons pour les rendre habitables. Après quoi, il établit des distributions de potages, de vêtements et de bois. Il agit de même à Guillerval, Étrechy, Saint-Arnoul, Palaiseau, partout où les armées avaient exercé les plus grands ravages.

En même temps, il s'occupait de procurer un asile et des secours aux pauvres gens qui étaient venus chercher un refuge à Paris. Sa sollicitude s'étendait jusqu'aux prisonniers politiques enfermés à la Bastille. Il les faisait instruire et consoler. Ainsi, pour tous, au milieu des calamités publiques, il apparaissait comme l'ange de la miséricorde.

CHAPITRE XXV

LES PAUVRES DE PARIS

Ce n'est pas sans raison que le nom de Vincent de Paul est resté si populaire à Paris. Il nous faut voir sa charité à l'œuvre dans cette grande ville.

Dans une année de cherté des vivres, on lui entendit dire : « Je suis en peine pour notre compagnie ; « mais en vérité elle ne me touche point à l'égal des « pauvres ; nous serons quittes en allant servir « de vicaires dans les paroisses. Mais les pauvres, « que feront-ils ? » Il assurait « que tous ceux qui « auront aimé les pauvres, pendant leur vie, n'au- « ront aucune crainte de la mort, et qu'il en avait « fait souvent l'expérience. » On remarquait, dit un témoin oculaire, que, lorsque récitant les litanies il prononçait ces mots : *Jesu pater pauperum. Jésus pères de pauvres,* c'était d'un ton de voix qui témoignait l'attendrissement de son cœur.

La maison de Saint-Lazare s'élevait au milieu d'un des plus pauvres quartiers de la capitale. Elle était entourée de terrains vagues et de ruelles obscures, refuge de toute une population de misérables. Le saint était la providence de ce faubourg déshérité. Tous les jours, à une heure fixée, on faisait aux portes de l'établissement une distribution de pain, de potage et de viande ; on y a compté, en temps ordinaire, jusqu'à six cents pauvres.

Tous les jours encore, saint Vincent faisait dîner douze pauvres à la table de sa communauté. Il allait les chercher lui-même, leur aidait à gravir les degrés du réfectoire, les faisait asseoir à la place d'honneur, prenait plaisir à les servir.

Rencontrait-il, dans les rues ou les chemins des environs, un malheureux couché sur la route, il s'approchait, s'informait avec sollicitude de son état. S'il y avait lieu, il se mettait aussitôt en peine de quérir des porteurs qu'il payait de ses deniers. Dans les dernières années, quand il fut obligé d'avoir un carrosse, c'était plaisir de lui voir faire les honneurs de son pauvre équipage aux personnes infirmes ou âgées pour les reconduire jusqu'à leur domicile.

Quelques traits tout aimables de sa charité trouvent ici leur place.

Un jour, en rentrant à Saint-Lazare, il trouva à la porte quelques vieilles femmes demandant l'aumône. « Je n'ai rien, dit-il, je vais vous envoyer quelque « chose. » Cependant ses prêtres viennent lui parler affaires, et il oublie les pauvres mendiantes. Quelqu'un l'en fait ressouvenir ; aussitôt le saint prêtre de descendre, d'aller demander pardon, à genoux, aux quêteuses stupéfaites et de leur remettre une aumône abondante.

Un garçon tailleur avait été soigné à Saint-Lazare, pendant une maladie ; ayant repris son travail, il retourna, peu après, dans son pays. De là il eut la naïve indiscrétion d'écrire à M. Vincent que « connaissant « sa bonté, il le priait de lui envoyer un cent d'aiguilles de Paris. » C'était le moment où le saint était le plus occupé par les affaires ecclésiastiques du royaume. Il fit néanmoins la commission avec soin.

Une pauvre femme lui demande la charité. Saint Vincent lui donne un écu. « Ce n'est pas assez », dit-elle. Sans se plaindre d'une telle exigence, l'homme de Dieu lui donne un autre demi-écu.

Tous les pauvres honteux venaient frapper à la porte de Saint-Lazare. M. Vincent leur donnait jusqu'à son dernier sou ; et quand il n'avait plus rien, il allait emprunter, plutôt que de renvoyer les nécessiteux avec un refus.

Il recevait beaucoup de la main des personnes riches et chrétiennes de la capitale. Au premier rang de ces bienfaitrices était la reine elle-même. « Cette charitable princesse, dit Abelly, était toujours prête à ouvrir la main et le cœur. Lorsqu'elle avait de l'argent, elle lui en donnait, et si l'argent lui manquait, elle lui donnait autre chose. Une fois entre autres, elle lui donna un diamant de sept mille livres, et une autre fois, un très beau pendant d'oreilles qui fut vendu dix-huit mille livres par l'assemblée des dames de charité. »

Saint Vincent a eu vraiment le génie de la charité. Parmi les mille moyens mis en œuvre, de nos jours, pour le soulagement des malheureux, on n'en trouve guère dont il n'ait eu l'idée et offert le modèle. Sous sa direction, les dames de l'Hôtel-Dieu établirent les premiers magasins de charité. Ses distributions de potage et de viande sont le premier essai des fourneaux économiques. Le voici maintenant donnant le type de ces réunions connues partout sous le nom de conférences de Saint-Vincent-de-Paul.

Un certain nombre de gentilshommes réfugiés à Paris, pendant les mauvais jours de la guerre, étaient dans le dénûment et n'osaient pas solliciter des secours; M. Vincent réunit chez lui « sept ou huit messieurs auxquels il parla si efficacement, qu'ils prirent la résolution de se lier ensemble pour assister cette pauvre noblesse. Quelques-uns se chargaient d'aller voir les nécessiteux dans leurs chambres, pour mieux connaître leurs besoins, prendre leurs noms, savoir au vrai le nombre des membres de chaque famille; on en faisait le rapport en assemblée et on se cotisait pour fournir à ces pauvres honteux la subsistance d'un mois. La réunion se tenait, à Saint-Lazare, tous les premiers dimanche du mois. »

Enfin la France et la capitale, en particulier, durent à saint Vincent la première création de ces asiles destinés aux pauvres, et grâce auxquels on peut, avec trop de complaisance peut-être, écrire sur tant de poteaux: La mendicité est interdite.

Paris, comme toutes les grandes villes, avait dans ses rues des milliers de mendiants; pendant le jour, ils étalaient aux yeux du public leurs plaies hideuses, leurs infirmités répugnantes, et ils passaient la nuit dans la débauche.

Saint Vincent reçut, un jour, la visite d'un bourgeois qui venait lui offrir une somme considérable pour les pauvres, en lui laissant le soin de déterminer l'œuvre à faire. « J'y penserai, répondit le saint prêtre, et je vous « en reparlerai. » Il y pensa longtemps, suivant son habitude. Le résultat de ses réflexions fut que le meilleur emploi à faire de cette libéralité était de fonder un asile où l'on recueillerait un certain nombre de pauvres ouvriers incapables de travailler, afin de les soustraire ainsi à la nécessité de mendier. Saint Vincent va donc trouver le donateur. L'idée est accueillie avec empressement et l'on se met à l'œuvre. Une partie de la somme offerte sert à acheter le local convenable. C'est l'ancien hospice des Incurables, dans le quartier Saint-Laurent. Quand l'hospice fut bâti, on plaça le reste de l'argent, et la rente parut suffisante à l'entretien de quatre-vingts pauvres. On prit quarante hommes et quarante femmes. Chaque sexe avait son corps de logis séparé, des deux côtés de la chapelle. Les sœurs de charité furent installées servantes de la maison. On y vivait comme dans un monastère. C'étaient les mêmes exercices religieux, y compris la lecture au réfectoire, le silence dans la maison, les petits travaux manuels. On appela cet hospice l'hospice du Nom-de-Jésus.

On allait le visiter par curiosité. Le spectacle de la vie heureuse et pure de ces quatre-vingts pauvres fit naître un projet gigantesque. Vincent de Paul avait su embraser de son zèle et de son amour des pauvres quantité d'âmes d'élite. La duchesse d'Aiguillon la première eut la pensée de créer pour tous les pauvres de Paris un établissement pareil à celui du Saint-Nom-de-Jésus. Elle fit partager son idée par les dames de charité. Saint Vincent hésitait. Il y avait bien de quoi. Ce que proposaient ces dames était tout simplement de loger, nourrir, vêtir environ quarante mille pauvres. « L'argent ne manquera pas, » disaient-elles. Et, en effet, elles allaient largement dans leurs générosités : l'une donnait cinquante mille livres, une autre trois mille livres de rentes à perpétuité. Vincent céda à tant d'ardeur.

Il y avait, vis-à-vis de l'Arsenal, un vieil édifice et un vaste enclos devenus inutiles; c'était la Salpêtrière; Vincent demanda et obtint cet immeuble pour y installer le nouvel asile. Les dons arrivèrent de toutes parts. Le cardinal Mazarin envoya cent mille écus, à titre de première offrande ; Mlle de Lamoignon obtint d'une de ses amies la somme de soixante mille livres, à condition de les emporter elle-même et de garder le secret. Dans deux ans, la nouvelle ville, comme dit Bossuet, était bâtie. L'hôpital général fut célébré par les contemporains: Fléchier l'appelle l'une des plus grandes créations du siècle; le père Lalemant en parle comme du plus merveilleux ouvrage qu'ait jamais entrepris la charité la plus héroïque.

CHAPITRE XXVI

PORTRAIT DU SAINT

Nous arrivons au terme de cette existence si admirable et si féconde. Que le lecteur nous permette de lui présenter, dans une vue d'ensemble, le héros de tant d'œuvres magnifiques, et de placer ici quelques traits omis dans le cours du récit.

Nous n'avons pas à nous étendre beaucoup sur l'extérieur de sa personne. Il n'y a pas de traits plus connus de tous que les traits de ce vrai père des pauvres ; il n'y en a pas de plus souvent reproduits par la peinture et la sculpture. Tout le monde sait donc que pour obéir, en quelque sorte, à la volonté de l'âme la plus humble qui fût jamais, le corps, en lui, avait conservé le cachet de son origine rurale. Sa taille était moyenne, sa tête un peu grosse et assez charnue, son port grave, sa contenance simple et naïve, son tempérament, malgré les infirmités qui furent le résultat de ses vertueuses imprudences, était sain et robuste ; son large front donnait de la majesté à cette figure sans cela un peu vulgaire. En même temps, son abord affable et la douceur de son regard attiraient les cœurs.

Mais laissons là l'enveloppe pour contempler l'intérieur. Tous les saints se ressemblent, sans avoir d'ailleurs les mêmes traits. Il y a ce qu'on peut appeler l'air de famille des enfants de Dieu. Nul n'a eu cette physionomie de la sainteté plus que Vincent de Paul. Les saints se ressemblent parce qu'ils copient tous le même modèle, qu'ils se forment tous sur le même type : Jésus-Christ. Or, pour faire en un seul mot le portrait de notre saint, nous n'avons qu'à citer les paroles suivantes de ceux qui l'ont le plus intimement connu.

M. Portail qui a vécu près de lui un demi-siècle disait que : « M. Vincent était une image vivante de Jésus-Christ des plus parfaites qu'il eût connues, et qu'il ne lui avait jamais ouï dire ni vu faire aucune chose qu'en imitation de Celui qui s'est proposé aux hommes pour modèle ».

Un célèbre docteur demandait, un jour, à un prêtre de la Mission, quelle était la vertu principale de M. Vincent. « C'est, répondit le prêtre, l'imitation de Notre-Seigneur Jésus-Christ. Il a toujours ce modèle devant les yeux, c'est son livre et son miroir. »

La cause de la douce impression ressentie à la vue d'un saint, le charme qui en lui ravit toutes les sympathies, c'est l'humilité. Cette belle vertu, si bien vue de Dieu et des hommes, a été la grande vertu de Vincent de Paul, l'explication de son immense influence et des prodigieux succès de ses entreprises.

Nous avons déjà dit avec quel bonheur il rappelait, à tout propos et hors de propos, la bassesse de sa naissance. Un jeune homme, en visite à Saint-Lazare, n'osait pas se couvrir devant lui et s'asseoir à son côté : « Pourquoi, lui dit M. Vincent, faites-vous tant de « difficultés et de cérémonies à l'endroit d'un pauvre « porcher et du fils d'un paysan tel que je suis ? »

Il avait fait visite à un noble personnage, et celui-ci l'accompagnait jusqu'à la porte : « Oh ! Monsieur, dit « l'humble prêtre, savez-vous bien que je ne suis que « le fils d'un pauvre villageois et que, pendant ma « jeunesse, j'ai gardé les troupeaux dans les champs.» A quoi le seigneur, homme d'esprit, répondit qu'un des grands rois du monde, David, avait aussi gardé les troupeaux.

Un de ses neveux vint à Paris. On annonce à M. Vincent que ce jeune homme est à la porte de Saint-Lazare. Le saint, très occupé en ce moment, donne commission à l'un de ses prêtres d'introduire le visiteur et de l'amener jusqu'à sa chambre. Mais aussitôt il se reproche ce premier mouvement comme une inspiration d'orgueil. Il descend lui-même, va jusqu'à la rue, s'approche du garçon habillé à la mode de son pays, l'embrasse et le fait entrer. Il réunit ensuite tous les membres de la communauté et leur présente le nouveau venu comme le plus honnête homme de toute sa famille.

On avait de la peine à entendre les expressions d'humilité dont M. Vincent se servait pour parler de lui-même. Qu'on en juge : « Je suis, disait-il « le plus indigne des hommes et pire que Judas « envers Notre-Seigneur ! » Ses plus légers défauts d'entendement ou de mémoire, il les appelait des « bêtises ». Comme il racontait un jour une de ses aventures de voyage, tout à coup il s'interrompt, se met a se frapper la poitrine, disant qu'il était un misérable tout rempli de superbe et d'orgueil, et qu'il ne faisait que parler de lui-même. — Quand il parlait de

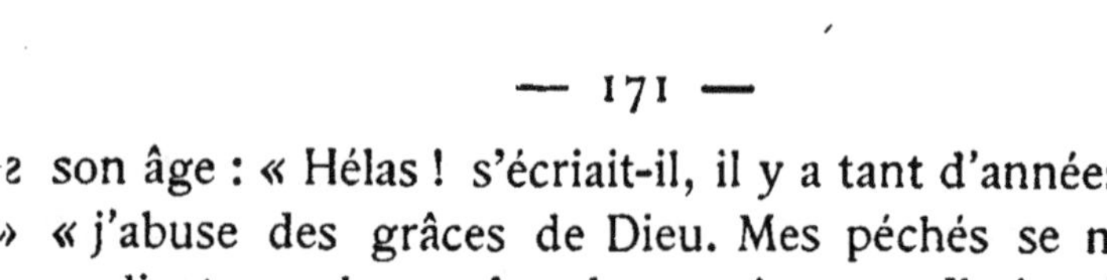

son âge : « Hélas ! s'écriait-il, il y a tant d'années que « j'abuse des grâces de Dieu. Mes péchés se multi- « plient avec le nombre de mes jours. » Il signait ses lettres : Indigne prêtre de la Mission, ou indigne supérieur.

Lorsqu'on lui demandait sa bénédiction, raconte une religieuse dans le procès de canonisation, il se mettait à genoux et se recueillait, pour la donner en vue de son néant et de la majesté de Dieu.

A genoux, il s'y mettait en toute occasion, devant ses inférieurs eux-mêmes, devant les simples frères de la communauté. Un jour, entre autres, il ordonnait à un frère de recevoir un passant, et le frère s'en défendait avec force répliques ; M. Vincent crut devoir parler avec fermeté. « Mais après, raconte le témoin oculaire, son humilité lui donnant quelques remords intérieurs, il s'alla mettre à genoux au milieu d'une allée du jardin où étaient quelques anciens prêtres de sa communauté, demandant pardon du scandale qu'il donnait tous les jours, et qu'il venait encore tout récemment de donner, en parlant avec rudesse à un frère de la basse-cour. Cela, continue le même témoin, peut avoir été connu d'un chacun ; mais ce que j'ai vu tout seul, est que, le même soir, entrant, selon mon ordinaire, dans la chambre de M. Vincent, je le trouvai qui baisait les pieds de ce frère. »

Il employait des termes excessifs pour remercier des moindres services rendus : « Je vous remercie, di- « sait-il à l'un, de ce que vous supportez un misérable « pécheur ; » à un autre : « de ce que vous m'avez « enseigné une chose que je ne savais pas. » Ou bien :

« Je vous remercie de la patience que vous avez exercée « de m'entendre, » ou encore : « de me souffrir en votre présence. » Le frère qui le servait ne pouvait pas apporter un livre, allumer la lampe, ouvrir ou fermer la porte, sans que le saint se confondît en excuses.

Il dit, un jour, à la communauté, prosterné à ge- « noux : Si vous voyiez, Messieurs, mes misères, vous « me chasseriez de la maison à laquelle je ne suis qu'à « charge, mangeant le pain des pauvres que je ne gagne « pas. Je suis indigne de vivre dans la congrégation « par les mauvais exemples que j'y donne, et je mérite « d'être attaché à un gibet, comme les plus indignes « malfaiteurs. »

Enfin le cardinal de la Rochefoucauld, qui le connaissait particulièrement, avait coutume de dire : « Si « l'on veut trouver la vraie humilité dans ce siècle, il « faut la chercher en M. Vincent. »

Quand on a une humilité si profonde, on ne peut garder le sentiment des injures. « J'apprends, dit un « jour M. Vincent, que telles et telles personnes nous « sont contraires. Mais quand elles m'auraient arraché « les yeux, je ne laisserais pas de les aimer, respecter et « servir toute ma vie. »

Un autre fruit de sa parfaite humilité était une prudence consommée. L'homme qui a créé le plus d'œuvres grandes et durables était, comme l'atteste toute son histoire, l'homme le moins disposé à se laisser emporter par l'imagination, le plus défiant de lui-même, le plus lent à entreprendre. Si on lui faisait reproche de cette lenteur, il répondait « qu'il ne voyait rien de

« plus commun que le mauvais succès des affaires « précipitées ».

Il ne parlait jamais de ses projets. « Le démon, disait- « il, se joue des bonnes œuvres découvertes et divul- « guées sans nécessité ; elles sont comme des mines « éventées qui demeurent sans effet. »

CHAPITRE XXXVII

SA JOURNÉE

Un des traits principaux du divin modèle des saints est celui-ci : « *Bene fecit omnia*, il fit bien toutes choses. » Saint Vincent, pour l'imiter, s'appliquait à ne rien faire d'extraordinaire, à vivre en apparence comme tout le monde. Il n'affectait aucune austérité, aucune pratique singulière. Mais il s'acquittait des devoirs ordinaires d'une manière parfaite. On le verra mieux en suivant pas à pas notre saint dans l'emploi d'une de ses journées.

M. Vincent occupait, à Saint-Lazare, une des chambres les plus petites et les plus incommodes de la maison. Elle n'avait pas de cheminée ; pas le moindre tapis étendu sur le carreau ; pas d'ornement aux murailles nues. Un frère eut, un jour, la pensée d'y accrocher quelques images pieuses ; le saint les fit enlever : « c'était, dit-il, contraire à la pauvreté, le crucifix devait suffire dans la cellule d'un religieux. » Voici l'inventaire du mobilier : une table de bois, deux chaises de paille et un pauvre lit. La couche de ce lit se composait d'une simple paillasse et d'un traversin. Il y avait une seule couverture, point de rideaux. On se hasarda à en mettre, un jour qu'il avait la fièvre ; la première chose qu'il fit, en se levant, fut d'ôter cette superfluité.

A quatre heures du matin, la cloche sonnait le réveil.

C'est la règle encore suivie chez les prêtres de la Mission et chez les sœurs de charité. Aussitôt saint Vincent était sur pieds. Quelquefois il s'était couché fort tard. Il lui arrivait d'avoir pu dormir tout au plus deux heures ; n'importe, même dans sa vieillesse, même quand il était malade, quand il avait dû se faire saigner, la veille ; au premier son de la cloche de quatre heures, il était debout.

On dit que la nature tâchait de reprendre ses droits pendant la journée ; mais le saint luttait énergiquement ; il réagissait contre l'assoupissement causé par de trop longues veilles, en prenant des positions pénibles. Bien souvent, quand on lui parlait, quand il était même en présence des personnages les plus haut placés, ses pauvres yeux se fermaient malgré lui et sa tête s'inclinait ; il fallait entendre alors avec quelle confusion il demandait pardon, mettant cela sur le compte de ses misères.

Il attachait une grande importance à ne pas donner, le matin, une seconde à la sensualité ; aussi se levait-il avec une telle promptitude que le second coup de la cloche ne le trouvait jamais dans la même position que le premier. « Le diable, disait-il, fait tout son possible pour nous arracher la pensée de Dieu à notre réveil. » Voici comment il faisait la première offrande de sa journée ; nous la trouvons dans un écrit signé de sa main : « Étant levé, j'adorerai la majesté de Dieu, je le « remercierai de la gloire qu'il a donnée à son Fils, à la « sainte Vierge et aux saints, des grâces qu'il a faites à « la sainte Église et à moi-même. Je lui offrirai mes pen- « sées, mes paroles et mes actions en union avec celles

« de Jésus-Christ. » Après cette courte prière, son premier soin était de s'appliquer tous les matins, une rude discipline.

La Règle donne aux prêtres de la Mission une demi-heure pour faire leur chambre et leur toilette. Vincent de Paul faisait son lit, nettoyait sa petite cellule, comme le plus humble des frères. De plus que les autres, il avait à soigner ses jambes infirmes ; tous les matins, il fallait en renouveler les bandages. Il lui restait encore assez et trop de temps pour sa toilette.

Il portait les cheveux courts et voulait que tous les ecclésiastiques de la congrégation fissent de même. S'il en apercevait un dont les cheveux tombassent un peu sur le cou, il allait les lui tirer doucement et en riant. Ce qui était un avertissement toujours compris.

Les mondains ont des tiroirs pleins de boîtes à parfums et autres riens ; dans la chambre de Vincent, il y avait tout un assortiment d'un autre genre : c'était une collection de cilices, de haires, de bracelets de fer. Le saint choisissait, suivant le jour, un de ces objets, et il s'en revêtait tout d'abord.

Il était toujours vêtu de la même manière ; ses habits n'étaient pas plus chauds en hiver qu'en été, pas plus élégants pour aller en ville que pour rester au couvent. Sa soutane était rapiécée, son petit manteau quelquefois déchiré. Quand on lui faisait remarquer la couleur un peu trop fanée de son chapeau : « Eh ! mon « frère, disait-il en riant, c'est tout ce que le roi peut « faire d'avoir un chapeau neuf. » Ses pieds, pour demeurer dans une chambre sans feu, n'étaient couverts que d'une chaussure légère, ses mains toujours nues; on remarquait qu'il semblait prendre plaisir à les tenir exposées au froid.

Le saint supérieur était toujours le premier descendu à la chapelle pour l'oraison suivie de la messe et de l'action de grâces. Il employait à ces divers actes religieux trois heures, chaque matin, et, ces trois heures, il les passait, sauf le temps où il était à l'autel, à genoux sur les dalles du saint lieu. On voulut lui faire une stalle; il dit que c'était bon pour Nosseigneurs les évêques. On voulut au moins étendre une natte à sa place; il fallut la retirer bien vite.

L'oraison proprement dite durait une heure; jamais une minute de moins, quelque pressantes que fussent ses occupations, et même en voyage. Au sortir de cet entretien avec Dieu, le visage du saint, ont dit les témoins oculaires, paraissait rayonnant comme le front de Moïse descendu du Sinaï; des soupirs enflammés, des paroles brûlantes s'échappaient de sa bouche.

« La méditation étant achevée, continue Abelly, il allait faire sa préparation pour la sainte messe, y employant un temps raisonnable, et assez souvent il se confessait. Il prononçait toutes les paroles de la messe fort intelligiblement, et d'une façon si dévote et si affectueuse, qu'il donnait de grands sentiments de piété aux assistants. On voyait alors en lui deux choses qui se trouvent rarement en un même sujet : une profonde humilité et un port grave et majestueux. On a entendu diverses fois des personnes qui ne le connaissaient pas, après avoir assisté à sa messe, dire entre elles comme par admiration : « Mon Dieu, que voilà un prêtre qui dit bien la messe! Il faut que ce soit un saint homme! » D'autres ont dit qu'il leur semblait voir un ange à l'autel ».

Il voulait, par humilité, revêtir les ornements les plus communs. A l'occasion de la naissance de Louis XIV, la reine mère fit présent à l'église de Saint-Lazare d'une riche chasuble. Le jour de Noël, saint Vincent officiant, comme c'était sa coutume les jours de grande fête, on lui avait préparé le nouvel ornement sur le vestiaire. Il ne consentit jamais à le prendre. « Un misérable comme lui ne devait pas, disait-il, être le premier à se revêtir de cette belle chasuble. »

Il demeurait longtemps en action de grâces, disant qu'il fallait employer autant de temps à remercier Dieu de ses bienfaits qu'on en avait mis à les demander. Pour cela, il aimait à servir une autre messe après avoir dit la sienne. C'était un spectacle attendrissant de voir ce vieillard infirme, ce supérieur vénéré, servant à l'autel ses confrères et s'acquittant de toutes les fonctions avec la modestie et la simplicité d'un nouveau clerc.

Il aimait à faire tous ses exercices de piété à l'église, toujours à genoux. Il évitait de parler à personne devant le saint Sacrement. « S'il se trouvait en quelque nécessité de le faire, il tâchait de faire sortir de l'église ceux qui lui voulaient parler : ce qu'il observait envers les personnes les plus qualifiées, même envers les prélats. »

« Il demeurait devant le saint Sacrement tout le temps qu'il pouvait avoir de libre, quelquefois plusieurs heures. Il recourait à ce sacré tabernacle dans la rencontre des affaires épineuses et difficiles. On l'a vu souvent, quand il recevait des lettres importantes, s'en aller derrière le grand autel, et là, à genoux, ouvrir et lire ses lettres devant Notre-Seigneur. Un jour, dans la cour du Palais, à Paris, on lui remit une lettre qu'il soupçonna renfermer une grande nouvelle. Il monta jusqu'à la chapelle où repose le très saint Sacrement, et l'ayant trouvé fermée, il se mit à genoux à la porte pour faire la lecture de sa lettre. »

Il voulait qu'on fît gravement et profondément la génuflexion devant l'autel, disant qu'il ne fallait pas se présenter devant Dieu comme des marionnettes. Pour lui, il s'acquittait de ce devoir, malgré ses infirmités, à tel point qu'il avait souvent besoin qu'on vînt l'aider à se relever.

A la nouvelle de quelque attentat, de quelque outrage contre la divine Eucharistie, il exhortait éloquemment les siens à faire amende honorable : « Ah ! « Messieurs, s'écriait-il, si notre maître est près de « recevoir cinquante coups de bâton, tâchons de lui en « sauver quelques-uns ! Qu'il y ait du moins quel- « qu'un qui le console dans ses persécutions et ses « souffrances. »

La récitation du bréviaire, imposée aux ecclésiastiques par l'Église, exige environ une heure et demie chaque jour. Saint Vincent disait toujours son office à genoux et la tête nue. Dans les trois dernières années de sa vie seulement, vaincu par les infirmités, il consentit à prier assis.

Il avait l'habitude, toutes les fois qu'il entendait frapper l'horloge, en quelque lieu qu'il se trouvât, de faire un grand signe de croix et de produire quelques pieuses aspirations ; et, pour se rappeler constamment la présence de Dieu, il avait fait écrire, en gros caractères, dans les corridors et autres lieux de la maison, ces simples mots : Dieu vous regarde.

Dès qu'il entendait sonner l'Angélus, qu'il fût chez lui ou en ville, seul ou en compagnie, il se mettait à genoux, et son exemple obligeait les autres à faire de même. Toutes les fois qu'il entrait dans sa chambre, ou qu'il en sortait, il avait l'habitude de saluer, par une courte prière, son ange gardien.

Indiquons ici quelques autres points de son pieux règlement. Il ne manquait jamais de jeûner la veille de toutes les fêtes de la sainte Vierge. Tous les ans, au jour anniversaire de son baptême, il assemblait la communauté, se mettait à genoux, demandait qu'on l'aidât à remercier Dieu, « qui supportait depuis tant d'années ce misérable sur la terre ». Il n'a jamais omis sa retraite annuelle ; les trois premiers jours de cette retraite, il s'abstenait, par esprit de pénitence, de célébrer la messe.

Avant les deux repas du milieu du jour et du soir, il faisait un examen de conscience, suivi d'une prière pour les âmes du Purgatoire.

« Le premier pas, disait-il, d'une personne qui veut « acquérir quelque vertu est de se rendre maître de sa « bouche. » Aussi il fallait voir avec quel sentiment d'humilité et quel esprit de mortification il se rendait au réfectoire. Il se disait à lui-même, et quelquefois parlant assez haut pour être entendu de ses voisins : « Ah ! misérable, tu n'as pas gagné le pain que tu vas manger! » S'il pouvait s'approprier quelques mor ceaux laissés par les autres, c'était avec ces restes qu'il faisait plus volontiers son repas. Il ne sortait jamais de table sans s'être mortifié par quelque privation. Dans son extrême vieillesse, quand on le pressait de prendre des mets un peu plus délicats : « C'est le « démon, répondait-il, qui vous porte à me persuader « de nourrir ce misérable corps et cette chétive car- « casse. »

Il lui est arrivé plusieurs fois de tomber en défaillance, pour n'avoir pas pris assez de nourriture, ou bien d'être obligé, à la campagne, d'aller demander un morceau de pain, à la porte de quelque ferme.

La règle des prêtres de la mission leur accorde une heure de délassement après les repas ; saint Vincent employait ce temps à l'accomplissement de ses devoirs de supérieur.

C'était après le repas du soir qu'il faisait monter dans sa chambre les prêtres de la communauté auxquels il avait à parler. Ceux qui partaient pour les missions venaient, à ce moment, recevoir les instructions et les bénédictions du vénéré supérieur. Alors aussi, les frères chargés du temporel venaient rendre compte de leur administration, et le vigilant supérieur examinait tout avec attention, jusqu'aux dépenses et aux recettes de la basse-cour. Ensuite il mettait à jour son interminable correspondance. Toutes les lettres auxquelles il n'avait pas eu le temps de répondre pendant la journée étaient lues avec soin, la réponse était écrite, prête à partir par le courrier du lendemain.

Et alors seulement, quand tout était en règle, quelquefois à onze heures, quelquefois à une ou deux heures du matin, le bon serviteur consentait à prendre, sur son pauvre grabat, un peu de repos. Et si les souffrances l'empêchaient de dormir, il se délassait en faisant oraison.

CHAPITRE XXVIII

SES AUDIENCES ET SES VISITES EN VILLE

M. Vincent avait, à Saint-Lazare, son salon de réception. C'était un petit appartement, au rez-de-chaussée, aussi froid, aussi nu que la propre cellule du saint. La porte fermait mal et laissait largement passer le vent. Un frère essaya de coller une vieille tapisserie pour intercepter un peu ce courant d'air incommode ; saint Vincent la fit ôter.

A la porte de cette pauvre chambre se pressèrent, pendant un quart de siècle, plus de visiteurs que dans les antichambres des ministres. On y voyait stationner quantité de personnes de toutes sortes de conditions. C'étaient d'abord des ecclésiastiques, des évêques, des religieux, plusieurs fois les nonces du Pape. On peut dire, ce sont les paroles d'Abelly, que, de son temps, « il ne s'est guère traité d'affaires de piété dans Paris, qui fussent de quelque conséquence, auxquelles il n'ait eu part, et souvent sur celles qui se traitaient dans les autres provinces, il était consulté par lettres. »

On voyait aussi attendre, dans le corridor, leur tour d'audience, des hommes du monde, des personnages du plus haut rang. Ils venaient demander un conseil, ou recourir à l'influence de ce pauvre prêtre pour la réussite de leurs affaires.

L'affluence encombrante des visiteurs n'ôtait rien au calme du saint. Il écoutait chacun à son tour, le pauvre avec la même patience et la même bienveillance que le grand seigneur. Si quelqu'un venait l'interrompre, il répondait comme un homme qui n'aurait pas eu autre chose à faire. « Bien qu'il donnât loisir à tous ceux qui lui parlaient de lui dire tout et de se retirer satisfaits, il ne s'entretenait pas néanmoins avec eux de choses inutiles. Il évitait les digressions. Il disait souvent : « Ça, revenons au sujet; concluons; « Monsieur, Madame, avez-vous agréable que nous « achevions ? »

« Sa présence, son attitude imprimaient le respect, dit un témoin oculaire, mais un respect qui, au lieu de resserrer les cœurs, les ouvrait. Personne ne donnait plus de confiance que lui à manifester les pensées les plus secrètes et les faiblesses les plus difficiles à dire. »

Son ton de voix, son accent respiraient la piété. Il parlait peu et posément; quand on lui exposait une affaire sérieuse, après avoir écouté avec grande attention, on le voyait se recueillir pendant quelques instants; c'était pour consulter Dieu par une courte prière. Puis il expliquait clairement sa manière de voir et terminait en disant : « Il me semble que l'on pourrait faire « ainsi. »

« On dit communément (nous ne nous lassons pas de citer notre pieux auteur), que, comme du mouvement bien compassé de l'aiguille d'un cadran il est aisé de connaître l'ajustement des roues d'une horloge, on peut aussi, de la bonne conduite de la langue, juger du bon état de tout l'intérieur. Saint Vincent s'était tellement rendu maître de la sienne, qu'il ne lui échappait point de paroles inutiles ni de celles qui ressentent la médisance, la vanterie, la vanité, la moquerie, l'impatience. »

Sa franchise ne savait rien dissimuler. Si la quantité d'affaires dont il était accablé lui faisait oublier quelque petite commission, comme de parler à quelqu'un, de répondre à une lettre, il l'avouait simplement. Il préférait s'exposer à la confusion et aux reproches que de chercher à s'excuser.

Sa simplicité ne manquait pourtant pas d'une certaine finesse ; témoin le trait suivant : à une demande de renseignements sur un ecclésiastique qui avait habité Saint-Lazare et dont il n'avait pas de bien à dire il répondit : « Je ne connais pas assez ce Monsieur « pour en pouvoir rendre aucun témoignage. » Un prêtre ancien de la Compagnie était présent quand M. Vincent dictait cette réponse, il en témoigna son étonnement : « Je vois bien, répliqua M. Vincent, ce « qui vous scandalise. Mais puis-je mieux faire que « Notre-Seigneur qui dit des réprouvés qui ont pro- « phétisé en son nom, qu'il ne les connaît pas? Ce « qui s'entend d'une connaissance d'approbation. « Trouvez donc bon que je suive son exemple et sa « façon de parler. »

Il était assez habile pour ne renvoyer personne mécontent, même quand il était obligé de répondre à une demande par un refus. Un supérieur de maison raconte ce qui suit : « La veille de mon départ de Paris, je demeurai longtemps avec M. Vincent ; plusieurs personnes vinrent lui parler : j'admirai comme il renvoyait chacun content. Un ecclésiastique vint solliciter pour un criminel détenu au Châtelet ; le saint parla de la justice de Dieu, des châtiments qu'il avait établis pour la punition des malfaiteurs ; il témoigna beaucoup de bienveillance à son visiteur, et celui-ci se retira content, quoique n'ayant rien obtenu. Un séculier vint lui demander de l'argent à emprunter ; M. Vincent lui fit mille excuses de ce que la maison n'était pas en état de pouvoir prêter ; et son refus n'eut aucun mauvais effet. »

Un grand nombre de femmes, on le pense bien, sollicitèrent la faveur de l'entretenir ; saint Vincent ne refusait pas de les recevoir ; mais il leur donnait audience dans le grand parloir extérieur, la porte étant toujours ouverte. Ce n'était pas même assez de précaution ; un frère restait, tout le temps de la visite, dans le parloir, assez à l'écart toutefois pour ne pas entendre. Il agissait de même quand il allait en ville chez une personne du sexe. Jamais, même pour exercer son ministère auprès d'une malade, il ne laissait fermer la porte de l'appartement ; si quelqu'un la fermait par mégarde, vite il se récriait et la faisait rouvrir. Aussi, malgré que ses œuvres l'aient mis en rapport avec quantité de dames de haute condition et de jeunes filles exposées, jamais la plus légère critique n'a été faite contre ses mœurs.

« Il parlait, dit Abelly, bonnement et respectueusement à tout le monde ; mais jamais trop amiablement, ni mollement, aux personnes de l'autre sexe. Il était très sévère pour les termes dont il se servait ; le mot chasteté lui paraissait trop expressif, il préférait celui de pureté. S'il était obligé de parler de quelque femme ou fille de mauvaise vie, il disait : « la pauvre créature; » et pour faire entendre sa faute il employait les mots faiblesse, malheur. »

« Lorsqu'il allait en ville, ou qu'il faisait quelque voyage, au lieu de se distraire et de s'égayer par la vue des champs et autres objets, il tenait ordinairement ses yeux arrêtés sur un crucifix qu'il portait; ou il les tenait fermés pour ne voir que Dieu. »

« S'il entendait quelqu'un proférer des jurements, il témoignait aussitôt sa douleur par des soupirs et tâchait de réparer l'outrage en bénissant plusieurs fois le saint Nom de Dieu. « Il faut, disait-il, ne pas craindre « de faire la correction charitable à ces personnes. La « manière de le faire est d'aller vers elles, le chapeau « à la main, avec un visage doux, et des paroles hum- « bles, pour leur faire remarquer qu'elles ne doivent « pas ainsi parler de Dieu. Je n'ai jamais vu personne, « ajoutait-il, qui ait trouvé mauvais mes avertissements, « et une de mes plus grandes peines, depuis que je « ne peux marcher à pieds, a été de me voir hors d'état « de le faire, comme Dieu me faisait la grâce de le faire « auparavant. »

S'il était prompt à venger l'injure faite à Dieu, il savait aussi prendre courageusement la défense du prochain. « Il passait un jour, raconte notre historien, dans le faubourg Saint-Martin; il vit six ou sept soldats qui poursuivaient, l'épée nue, un pauvre artisan pour le tuer. Ils l'avaient même déjà blessé; et, selon toutes les apparences, ce pauvre homme ne pouvait pas échapper à la mort : tout le monde fuyait voyant la furie de ces gens-là, de peur qu'en voulant délivrer l'innocent, ils ne se missent eux-mêmes en danger. Mais M. Vincent, ne craignant point d'exposer sa vie pour sauver celle de son prochain, s'en alla droit à ces soldats, se jetant au milieu de leurs épées. L'artisan se sauva, et les soldats étonnés s'arrêtèrent. »

« Dans ses voyages, s'il passait devant une église ouverte, il descendait de cheval pour aller visiter et adorer le saint Sacrement. Et si l'église était fermée, il y entrait en esprit. Lorsqu'il était arrivé aux lieux où il fallait s'arrêter pour dîner ou pour coucher, avant toute autre chose, il allait à l'église rendre ses respects et ses hommages au très saint Sacrement. »

« Lorsqu'il rencontrait le saint Viatique dans les rues de Paris, il se mettait aussitôt à genoux, et demeurait en cette humble posture autant de temps qu'il le pouvoit voir ; ou bien il le suivait, tête nue, quoique de fort loin, ne pouvant le suivre de près, à cause de la difficulté qu'il avait à marcher. »

« Sa bonté était admirable auprès des malades. Il cherchait à les divertir. Il s'accommodait à toutes leurs faiblesses, de l'esprit comme du corps. Une religieuse de la Visitation raconte : « Nous l'avons vu prendre la peine, sur la fin de sa vie, lorsqu'il était accablé d'affaires et de maux, de venir plusieurs fois ici pour détourner une pauvre fille, que nous avions comme tourière, du dessein qu'elle avait de se faire relever de son vœu pour se marier ; ce saint homme, croyant qu'en ce changement il y avait du péril pour son salut, lui parlait avec des raisons si touchantes, qu'elles eussent été capables d'amollir un cœur d'acier. »

CHAPITRE XXIX

SA DIRECTION

Voici quelques-uns des conseils donnés par le saint aux âmes qu'il dirigeait. Ils nous aideront à mieux connaître encore l'esprit dont il était animé.

Relativement à la foi, il recommandait de « se défier « de toute nouveauté, de tenir ferme aux usages et « sentiments communs. Les esprits les plus vifs, disait- « il, et les plus éclairés ne sont pas toujours les meil- « leurs, s'ils ne sont les plus retenus. Ceux-là marchent « sûrement qui ne s'écartent pas du chemin par où le « gros des sages a passé ».

Il prescrivait l'oraison, non seulement à ses missionnaires, mais aux dames de charité. Il attachait une grande importance à l'habitude de rendre compte de la méditation. Il racontait qu'une dame avait établi ce saint usage parmi ses domestiques, et, « un jour, un « des laquais de cette dame rapportant tout simple- « ment les pensées qu'il avait eues, en faisant son « oraison, dit qu'ayant considéré comme Notre-Sei- « gneur avait recommandé les pauvres, il avait cru « qu'il devait faire quelque chose pour eux, et que ne « pouvant rien leur donner, il s'était résolu au moins « de leur rendre quelque honneur, de leur parler gra- « cieusement, quand ils s'adresseraient à lui, et même « d'ôter son chapeau pour les saluer ».

Il conseillait la communion fréquente. « Il y a sujet

« de gémir devant Dieu, disait-il, de ce que cette dévo-
« tion se refroidit parmi les chrétiens, et ce sont en
« partie les opinions nouvelles (entendons le jansé-
« nisme) qui en sont la cause. » A une personne de piété qui s'était abstenue de communier à cause d'une peine intérieure, il écrivait : « Vous avez un peu mal
« fait de vous être retirée pour cela de la commu-
« nion. Ne voyez-vous pas que c'est une tentation et
« que vous donnez prise ainsi à l'ennemi. » Il citait l'exemple d'une « dame de condition et de piété,
« laquelle avait continué longtemps à communier les
« dimanches et les jeudis de chaque semaine. Après
« quoi s'étant mise entre les mains d'un confesseur
« qui suivait la nouvelle doctrine, celui-ci l'avait
« détournée de cette sainte pratique, ne la faisant com-
« munier au commencement qu'une fois en huit jours ;
« puis il l'avait remise à la quinzaine, ensuite au mois.
« Enfin elle fit réflexion sur l'état déplorable dans
« lequel elle était tombée. « O malheureuse, dit-elle,
« où est-ce-que je suis ? où est-ce qu'aboutiront tous
« mes désordres ? Mais d'où m'est venu un si triste
« changement ? » Et se séparant de son nouveau
« directeur, elle revint à ses anciennes habitudes et à
« sa première ferveur. »

Voici en quels termes il recommandait la simplicité :
« Ce n'est pas que la simplicité nous oblige à découvrir
« toutes nos pensées ; car cette vertu n'est jamais
« contraire à la prudence. On ne doit jamais dire les
« choses que l'on sait, lorsqu'elles vont contre Dieu
« ou contre le prochain. »

Envoyant, un jour, un de ses prêtres dans une province, il lui donna cet avis : « Vous allez dans un pays « où l'on dit que les habitants sont pour la plupart « fins et rusés : or, si cela est, le meilleur moyen de « leur faire du bien, est d'agir avec eux dans une « grande simplicité » Et comme, peu de temps après, une maison de la Congrégation fut établie en ce même lieu, il choisit pour premier supérieur le plus simple de ses prêtres.

Il ne cessait de répéter que l'humilité était la plus indispensable condition pour faire le bien, qu'elle était aussi la racine de la charité. « Depuis soixante « ans, disait-il, que Dieu me souffre sur la terre, j'ai « pensé et repensé plusieurs fois aux moyens les plus « propres pour acquérir et conserver l'union et la cha- « rité envers Dieu et envers le prochain ; mais je n'en « ai point trouvé de meilleur et de plus efficace que « la sainte humilité, de s'abaisser toujours au-dessous « des autres, de s'estimer le moindre et le pire de « tous. C'est l'amour-propre et l'orgueil qui nous « portent à soutenir nos sentiments contre ceux des « autres. »

Il indiquait les règles suivantes pour bien pratiquer la vertu de douceur : « Premièrement, pour n'être « point surpris, il faut prévoir les occasions et former « à l'avance en son esprit l'acte de douceur. — Secon- « dement, il faut détester le vice de la colère en tant « qu'il déplaît à Dieu, sans se fâcher de s'y voir sujet ; « la douleur que nous concevons de nos fautes contre « la douceur doit être douce et tranquille. — Troisiè- « mement, lorsqu'on se sent ému de colère, il est « expédient de cesser d'agir, et même de parler, et

« surtout de se déterminer. — Quatrièmement, pen-
« dant cette émotion, il faut faire effort sur soi-même
« pour empêcher qu'il n'en paraisse aucune marque
« sur le visage. »

Cette tranquillité d'âme procède d'une parfaite soumission à la volonté de Dieu : « L'âme parfaite, disait « le saint, est comparée par le prophète à une bête de « charge, qui n'affecte point de porter une chose « plutôt qu'une autre, d'être plutôt à un maître riche « qu'à un pauvre, ou plutôt dans une belle écurie que « dans une chétive étable ; tout lui est bon, et elle est « disposée à tout ce qu'on veut d'elle ; elle marche, « elle s'arrête, elle tourne d'un côté, elle retourne « de l'autre, elle souffre, elle travaille de jour, de « nuit, etc. »

Il faut savoir pratiquer cette soumission surtout dans les maladies : « Il faut avouer que l'état de maladie est « un état fâcheux à la nature, et cependant c'est un des « plus puissants moyens dont Dieu se sert pour nous « sanctifier. C'est là que l'on connaît ce que chacun « porte et ce qu'il est ; c'est la jauge avec laquelle on « peut sonder quelle est la vertu d'un chacun, et on ne « remarque jamais mieux quel est l'homme que dans « l'infirmerie. »

« Il y a, disait-il encore sur ce sujet, une certaine « passion, qui domine en plusieurs à laquelle il nous « faut bien renoncer : c'est le désir immodéré de con- « server sa santé et de se bien porter. Oh Messieurs et « mes frères, nous sommes disciples du divin Sauveur, « et cependant il nous trouve comme des esclaves en- « chaînés ; à quoi ? à un peu de santé, à un remède

« imaginaire, à une maison qui nous plaît, à une pro-
« menade qui nous divertit..... »

Il avait défendu aux sœurs de charité l'usage du vin. « Les Turcs, qui n'en boivent pas, disait-il, se portent « mieux qu'on ne le fait ici. »

Pour consoler les âmes tentées, saint Vincent avait l'habitude d'employer cette comparaison : « L'eau « croupissante, qui devient bourbeuse et infecte, re- « présente une âme qui est toujours dans le repos ; au « contraire les âmes exercées par les tentations sont « comme les rivières qui coulent parmi les cailloux et « les rochers, dont les eaux sont plus belles et plus « douces. »

Quelqu'un se plaignait à lui de ses peines : « Ah ! « Monsieur, lui dit-il, ne voudrait-il pas mieux avoir un « démon dans le corps que d'être sans aucune croix ! »

Pour montrer combien la pratique de la mortification est nécessaire, il disait quelquefois : « Si une « personne qui aurait déjà comme un pied dans le ciel « venait à quitter l'exercice de cette vertu, dans l'inter- « valle du temps qu'il faudrait pour y mettre l'autre, « elle serait en danger de se perdre. »

« La sensualité, disait-il encore, se retrouve partout, « non seulement dans la recherche des richesses et des « plaisirs, mais aussi dans les dévotions, dans les livres, « dans les images ; en un mot, elle se fourre partout. »

Que ceux qui, à un titre quelconque, sont chargés de la conduite des autres, écoutent quelques recommandations de notre saint :

Il écrivait à un chef de maison : « Surtout n'ayez pas « la passion de paraître le maître. Je ne suis pas de

« l'avis d'une personne qui me disait, ces jours passés, « que pour bien conduire et maintenir son autorité, il « fallait faire voir que l'on était le supérieur. Notre-« Seigneur n'a point parlé de la sorte ; il a dit que lui-« même était venu, non pour être servi, mais pour « être le serviteur des autres. »

A un autre : « Je vous prie de faire attention à ne « vous point vouloir signaler. Suivez toujours la voie « royale, la grande voie, afin de marcher sûrement et « sans appréhension. »

« Parce que vous êtes le supérieur, écrivait-il à un « troisième, supportez tout avec douceur de celui qui « est avec vous ; je dis tout, afin que vous déposant « en vous-même de la supériorité, vous vous ajustiez à « lui dans un esprit de charité. »

CHAPITRE XXX

SES DERNIERS TEMPS

Les saints ne sont jamais si beaux et si aimables que sur le seuil de l'éternité. Une lueur surnaturelle jaillit de la cité mystérieuse qui leur entr'ouvre ses portes ; cette lumière, répandue sur leur physionomie, la transfigure ; c'est un des plus touchants spectacles qu'il soit donné de contempler ici bas.

Saint Vincent de Paul avait été plusieurs fois éprouvé par de graves maladies ; nous avons déjà mentionné celle qui l'atteignit, à l'époque de son séjour dans la maison de Gondy, et lui laissa la pénible infirmité de l'enflure aux jambes. En 1648, à Saint-Lazare, on crut le perdre. L'âge du malade, la violence du délire, tout faisait désespérer de conserver des jours si précieux à l'Église. Il fut sauvé comme par miracle.

« Il arriva, raconte Abelly, qu'un prêtre de la Congrégation, nommé M. Dufour, se trouvant pour lors malade dans la même maison, et apprenant que M. Vincent était en danger de mort, offrit sa vie pour racheter celle du vénéré père. Et on remarqua que dès lors M. Vincent commença à se mieux porter, et la maladie de ce bon prêtre augmenta de telle sorte que, peu de temps après, il mourut. La nuit qu'il trépassa, ceux qui veillaient M. Vincent entendirent, sur le minuit, frapper trois coups à sa porte, et allant voir qui avait frappé, ils ne trouvèrent personne. Et alors

M. Vincent fit réciter l'office des morts, comme sachant que le susdit prêtre venait d'expirer, sans néanmoins que personne lui en eût dit un mot. »

Plusieurs autres fois, dans les années suivantes, le danger se représenta. Le bon Dieu amenait cette sainte âmes aux portes du tombeau pour mieux la purifier. Le fidèle serviteur était prêt à répondre à l'appel de son maître. Une seule préoccupation le retenait encore un peu à la vie de ce monde. Dans un billet écrit de sa main on lit : « Je tombai dangereusement malade, il y a « deux ou trois jours, ce qui m'a fait bien penser à la « mort. M'examinant sur ce qui pourrait me donner « quelque peine, j'ai trouvé qu'il n'y a rien, sinon que « nous n'avons pas encore fait nos règles. »

Dieu lui donna le temps de mener à bonne fin cette affaire importante. Toutes les pratiques en usage dans la Congrégation de la Mission furent soigneusement recueillies. Ce recueil forma un petit volume écrit en latin. Le vendredi, 17 mai 1658, saint Vincent réunit, le soir, la communauté. Un certain nombre d'exemplaires des nouvelles règles étaient placés sur la table. Les prêtres et les frères ayant fait cercle, le saint supérieur prit la parole d'un ton solennel et affectueux en même temps ; c'étaient les adieux d'un père à sa famille. Il recommanda « l'attachement à ces saintes « règles ; toutes sont le fruit de l'expérience. D'ailleurs « c'est Dieu qui a tout fait dans la fondation de la Con« grégation. Ni lui, ni M. Portail, ni aucun autre n'a « jamais songé à rien créer. Ils doivent aimer les pau« vres, c'est la fin essentielle de l'Institut. O Seigneur ! « ajouta-t-il, qui êtes la loi éternelle et la loi immuable,

« qui gouvernez par votre sagesse infinie tout l'uni-« vers, bénissez, s'il vous plaît, ceux à qui vous avez « donné ces règles et qui les ont reçues comme pro-« cédant de vous. Donnez-leur la grâce nécessaire pour « les observer inviolablement jusqu'à la mort. »

Quand il eut fini de parler, les prêtres s'approchèrent, et reçurent, à genoux, chacun un exemplaire des règles. Puis le Père assistant demanda au saint de bénir la communauté et toute la compagnie. Tous s'agenouillèrent de nouveau. Vincent fit comme les autres, et ainsi prosterné, dit : « O Seigneur ! tout « misérable pécheur que je suis, avec confiance et en « votre nom, je bénis la Compagnie. »

Le saint fondateur entreprit d'expliquer à la communauté les règles qu'il venait de donner. Il commença, sur ce sujet, une série de conférences. Il parlait avec une vigueur que les années n'avaient point affaiblie. Ses discours étaient remplis d'une onction communicative. Mais la mort ne devait pas lui permettre d'achever cette tâche.

Depuis deux ans, son infirmité des jambes avait fait des progrès inquiétants. « Il ne pouvait plus, dit notre pieux historien, ployer les genoux que difficilement, ni se lever qu'avec de grandes douleurs, ni marcher qu'en s'appuyant sur un bâton. Un ulcère se déclara à la cheville du pied droit, en l'année 1658. Il ne fut plus en son pouvoir de sortir de la maison ; il continua néanmoins quelque temps de descendre à l'église pour l'oraison et la sainte messe. Il était obligé de s'habiller et déshabiller à l'autel : au sujet de quoi il disait quelquefois en riant qu'il était devenu grand seigneur, parce qu'il faisait en cela ce qui n'appartient qu'aux prélats. Sur la fin de 1659, il fut obligé de célébrer en la chapelle de l'infirmerie ; mais les jambes lui ayant manqué tout à fait, en l'année 1660 qui fut sa dernière, il ne put plus dire la sainte messe. Il continua néanmoins de l'entendre jusqu'au jour de son décès, quoiqu'il souffrît une peine incroyable pour aller de sa chambre à la chapelle. »

En même temps que le corps était ainsi brisé, Dieu prenait soin de briser aussi l'âme, en lui enlevant les objets de ses plus pures affections ; comme si, bien isolée, bien dégagée de tout lien terrestre, elle devait plus facilement s'élever vers la patrie céleste. Saint Vincent perdit, au commencement de cette année 1660, les deux personnes qu'il aimait le plus.

Son premier et son plus fidèle ami était M. Portail. Tout jeune encore, ce prêtre, plein d'admiration pour les vertus de saint Vincent, s'était donné à lui, et, depuis cinquante ans, il ne l'avait pas quitté. Seul, il avait suivi le saint fondateur au collège des Bons-Enfants. Ils avaient commencé la Congrégation à eux deux. Il devait, suivant toutes les apparences, être le premier successeur du père vénéré. Déjà M. Vincent s'était déchargé sur ce fils aîné de la direction des Filles de la Charité. Cet ami exceptionnel, cet autre lui-même fut ravi à sa tendresse, à la confiance et à la vénération de tous, dans les premières semaines de la fatale année 1660.

Il pleurait encore cette perte, quand un nouveau malheur vint l'accabler. Nommer Mlle Le Gras, c'est nommer la fille la plus dévouée à l'égard de M. Vincent, sa coopératrice la plus intelligente. Elle aussi précéda son saint directeur dans l'éternité.

Dans la maladie de cette vénérée fondatrice, on vit combien grave et austère est l'amitié des saints. « Mlle Le Gras, raconte Abelly, avait une confiance toute particulière et un grand respect pour M. Vincent ; et lui réciproquement estimait grandement sa vertu et ses avis. Mais il la voyait rarement et seulement dans la nécessité. Elle craignait beaucoup de mourir sans être assistée de lui, et Dieu a permis que cela lui arrivât, M. Vincent étant alors dans un tel état qu'il ne pouvait tenir sur ses jambes. Elle lui envoya demander au moins quelques paroles de consolation écrites de sa main, ce qu'il ne voulut pas lui accorder. Il lui envoya seulement un des prêtres de la Compagnie avec ces paroles : « Qu'elle s'en allait « devant et qu'il espérait la voir bientôt dans le ciel. »

En effet, encore six mois de souffrances, six mois de préparation suprême, et le saint aura, à son tour, sa récompense.

CHAPITRE XXXI

SA MORT (1660)

Le saint n'avait pas attendu tous ces avertissements d'une fin prochaine pour être prêt. Il y avait longtemps qu'on l'avait entendu s'écrier avec un profond sentiment d'humilité : « Toute notre vie n'est qu'un mo- « ment qui s'envole et disparaît aussitôt. Soixante- « seize ans de vie que j'ai passés ne me paraissent à « présent qu'un songe, et il ne m'en reste rien, sinon « le regret d'avoir si mal employé ce moment. »

Il disait souvent aux siens : « Un de ces jours, ce « misérable corps de ce vieux pécheur sera mis en « terre et sera réduit en cendres, et vous le foulerez « aux pieds. »

Et quand il parlait de son âge, il disait : « Il y a « tant d'années que j'abuse des grâces de Dieu. Hélas ! « Seigneur, je vis trop longtemps, parce qu'il n'y a « point d'amendement en ma vie. »

Lorsqu'on annonçait la mort de quelque missionnaire, il ajoutait ordinairement : « Vous me laissez, « mon Dieu ; et vous tirez à vous vos serviteurs. Je « suis cette ivraie qui gâte le bon grain. Or sus, mon « Dieu, que votre volonté soit faite et non pas la « mienne. »

Depuis plusieurs années, il avait pris la sainte coutume de réciter, tous les jours, après l'action de grâces de la messe, les prières de l'agonie et de la recommandation de l'âme.

Il arriva qu'une singulière distraction d'un de ses prêtres le fit se départir du soin avec lequel il cachait habituellement ses bonnes pratiques, et révéler comment il se disposait au grand passage. Ce prêtre, ayant écrit une lettre, la porta à lire, suivant la règle, au saint supérieur, avant de l'envoyer. Il n'avait pas réfléchi que la lettre contenait cette phrase : « M. Vincent n'a pas longtemps à vivre ; suivant les apparences, il doit bientôt mourir. » Un autre que le saint se serait peut-être offensé ; il aurait vu dans l'action de ce subordonné trop de liberté et un manque d'égards. Ainsi ne pensa pas M. Vincent. C'est un avertissement, se dit-il, que ce bon prêtre veut me donner, et s'il croit nécessaire de me le donner, c'est sans doute que je le malédifie en ne me préparant pas assez bien à la mort. Il envoya donc chercher l'auteur de la lettre malencontreuse : « Je vous remercie, lui dit-il, du cha-
« ritable avis que vous me donnez-là. » Dès les premiers mots, le pauvre père s'est aperçu de sa maladresse et veut s'excuser. M. Vincent ne le laisse pas parler :
« Oui, continuait-il, je vous remercie ; si vous avez
« remarqué en moi quelque autre défaut, ayez la cha-
« rité de m'en avertir. Pour ce qui est de cet avis de
« ma mort prochaine, je vous dirai tout simplement
« que Dieu m'a fait la grâce d'en éviter le sujet. Il y a
« dix-huit ans que je ne me suis pas couché sans
« m'être mis en disposition de mourir dans la même
« nuit. »

Au printemps de l'année 1660, les forces du saint

malade diminuèrent sensiblement ; il ne mangeait presque plus, il ne voulait accepter aucun de ces mets délicats dont les malades ont besoin. Pourtant le médecin l'obligea à prendre des consommés et du poulet ; mais « dès la première ou la seconde fois qu'on lui apporta cette nourriture, il dit qu'elle lui faisait mal au cœur, et il obtint qu'on ne lui en présenterait plus ».

Laissons les témoins oculaires nous raconter, avec l'accent inimitable de l'amitié, l'histoire des derniers jours.

« Ce bon serviteur de Dieu était donc réduit à ne plus pouvoir marcher que sur des potences, et encore avec des peines indicibles. Au mois de juillet, on le pria de consentir que la chambre contiguë à la sienne fût transformée en chapelle, pour qu'il pût entendre la messe sans sortir ; il ne voulut jamais entendre à cela. On le pria au moins de trouver bon qu'on lui fît faire une chaise, pour le porter de sa chambre à la chapelle de l'infirmerie ; il n'y consentit qu'au mois d'août ; il commença à se servir de cette chaise à porteurs, le jour de l'Assomption de la sainte Vierge, et continua environ six semaines. Ce lui était une nouvelle peine d'en causer à deux frères, et pour cela il ne voulut jamais se faire porter qu'à la chapelle. »

« Parmi toutes ses douleurs, il est toujours demeuré constant dans sa manière de vivre dure et austère, n'ayant jamais voulu qu'on le couchât sur un lit mollet, mais se faisait mettre seulement sur une paillasse pour y passer cinq ou six heures de la nuit, non tant pour y prendre du repos, que pour y trouver une nouvelle matière de souffrance ; car les sérosités qui coulaient pendant le jour des ulcères de ses jambes, s'arrêtant pendant la nuit à la jointure des genoux, lui causaient un redoublement de douleur. »

« On le voyait s'affaiblir et diminuer tous les jours, et cependant il ne désistait pas de s'appliquer aux soins de la congrégation et des autres affaires dont il était chargé ; il recevait grande quantité de lettres, les lisait et y répondait. Il assemblait souvent les officiers de la maison et les assistants, il les exhortait, il delibérait avec eux, il donnait tous les ordres nécessaires. Il a fait, en cet état, des discours d'une demi-heure, avec tant de vigueur et de grâce que ceux qui l'écoutaient en étaient tout étonnés. »

« Il avait toujours le visage riant et des paroles affables. Si on lui demandait des nouvelles du mal dont il souffrait, il en parlait comme d'une chose dont il ne fallait pas faire grand cas. Il détournait adroitement le discours de ce qui le concernait, pour compâtir à celui qui lui parlait, quand il le savait en quelque peine ou infirmité. »

« Le moment fatal ne pouvait plus tarder. Le 25 septembre, vers midi, il s'endormit ; ce qui lui arrivait depuis quelques jours plus qu'à l'ordinaire, et quelqu'un lui ayant demandé la cause de ce sommeil extraordinaire, il dit en souriant : « C'est que le frère vient en attendant la sœur. »

« Le dimanche 26 septembre, il se fit porter à la chapelle où il entendit la sainte messe et communia. Etant de retour à sa chambre, il tomba dans un assoupissement profond. Le médecin étant venu trouva

M. Vincent si débile qu'il ne le jugea pas en état de recevoir aucun remède et dit qu'il lui fallait donner l'extrême onction. Néanmoins, avant de se retirer, il éveilla le malade, et celui-ci lui répondit avec un visage riant et affable ; mais, après quelques paroles, il demeurait court, n'ayant pas la force d'achever ce qu'il voulait dire. »

« Sur le soir, comme on vit qu'il s'affaiblissait de plus en plus, on lui donna le sacrement de l'extrême onction. Celui qui remplissait ce pieux devoir interrogea d'abord, suivant l'usage, le vénérable malade : « Croyez-vous tout ce que l'Église croit ? — Oui. — « Demandez-vous pardon à tous ? — De tout mon « cœur. — Pardonnez-vous à tous ? — Jamais per- « sonne... Il n'eut pas la force d'achever « ne m'a of- « fensé. »

« Alors on commença les onctions ; à chacune il faisait effort pour répondre « Amen ». A la dernière, il ouvrit les yeux et les promena avec un joyeux sourire sur les assistants. Il passa la nuit dans une douce et presque continuelle application à Dieu ; et quand il s'assoupissait, on n'avait qu'à lui en parler, pour l'éveiller. Entre les dévotes aspirations qu'on lui suggérait, il avait une affection particulière pour celle-ci : *Deus, in adjutorium meum intende. O mon Dieu, venez à mon aide !*. Il se hâtait de répondre : *Domine, ad adjuvandum me festina. Seigneur, hâtez-vous de me secourir.*

« A onze heures, une sueur abondante le couvre, son pouls devient insensible. On croit à la dernière heure et on fait la recommandation de l'âme. Cependant la chaleur vitale revient ; on en profite pour demander au père mourant une nouvelle bénédiction pour sa famille : « Dieu la bénisse, » répondit-il. « Monsieur, ajouta-t-on, votre bénédiction encore « pour les messieurs de la Conférence du mardi. — « Oui. — Pour les dames de la charité. — Oui. — « Pour les enfants trouvés. — Oui. — Pour tous les « bienfaiteurs et amis. — Oui. — » Un de ses prêtres récite le Credo. A chaque article, il répond : « Credo » et baise le crucifix qu'il tenait à la main. »

« Enfin, un peu avant quatre heures, son visage se couvrit d'une rougeur vermeille, il paraissait tout en feu. Puis la rougeur s'effaçant fut remplacée par une blancheur de neige. On lui suggéra encore quelques invocations qu'il balbutia en remuant les lèvres ; et bientôt après il passa doucement de cette vie à une meilleure. »

C'était le lundi 27 septembre 1660.

CHAPITRE XXXII

SA MÉMOIRE

Les saints ont, sur la terre, comme une seconde vie. A l'exemple de l'auteur de toute sainteté, quand ils sont enlevés du monde, ils attirent tout à eux. Ils n'occupent jamais une plus grande place, ici bas, que quand ils n'y sont plus.

Pour saint Vincent de Paul surtout, l'heure de la glorification ne se fit pas attendre. A peine avait-il rendu le dernier soupir, que les honneurs d'une sorte d'apothéose éclatèrent autour de ses dépouilles.

Son saint corps fut exposé dans l'église de Saint-Lazare. « Une foule nombreuse, parmi laquelle d'illustres personnages, vint le visiter ; on versait des larmes, on voulait lui faire toucher des chapelets, des linges, lui baiser les pieds et les mains ; on alla jusqu'à déchirer ses vêtements et lui arracher les cheveux. A ses funérailles on remarqua le nonce du pape, des princes, des prélats, mais surtout une multitude de pauvres et de peuple qui ne se pouvait compter. »

Quelques jours après, un service solennel réunissait la même foule dans l'église de Saint-Germain l'Auxerrois. L'évêque d'Evreux prononça l'oraison funèbre. Il parla deux heures, mais il ne put, comme il l'avoua lui-même, qu'effleurer son sujet ; « il en avait assez, disait-il, pour prêcher tout un carême. »

Toute la France s'était écriée par la bouche d'Anne

d'Autriche : « L'Eglise et les pauvres viennent de faire une grande perte. » De toutes parts on se mit à appeler le moment où la voix autorisée du souverain Pontife décernerait le titre de saint à celui que tous avaient déjà canonisé de son vivant. Des lettres dans ce sens furent envoyées au Saint-Siège de la part de Louis XIV, de Jacques III d'Angleterre, de Léopold, duc de Lorraine ; du grand duc de Toscane qui avait demandé, comme reliques, le bâton et une lettre du saint; du doge de la république de Gênes, de plusieurs cardinaux, archevêques et évêques de France, d'Espagne, de la Grande-Bretagne, de l'Italie et de la Pologne. Parmi les évêques de France, on trouve les noms de Bossuet, de Fénelon et de Fléchier. L'assemblée du clergé de France, les échevins de la ville de Paris, les supérieurs de divers ordres religieux adressèrent à la cour de Rome l'expression de leurs plus ardents désirs.

Le 18 février 1712, eut lieu, selon les prescriptions canoniques, l'ouverture du tombeau du saint. Le moment où le corps vénéré devait paraître au jour était attendu avec angoisse. Comment Dieu aurait-il permis à la mort de traiter ces saintes dépouilles? La préservation miraculeuse que tous désiraient se trouva vraie. « Nous pouvons attester, dit le procès-verbal, que nous avons trouvé un corps tout entier, et sans aucune mauvaise odeur. » Les habits dont il était couvert paraissaient tout neufs; le cardinal de Noailles froissa entre ses mains la soutane et dit en souriant « qu'elle était de bonne étoffe ».

D'autres miracles vinrent prouver que Dieu voulait la gloire de son serviteur. La bulle de canonisation fut enfin publiée, le 16 juin 1737. Les solennités accoutumées, en pareille circonstance, se célébrèrent avec un grand éclat en France, en Italie, en Pologne et jusqu'au delà des mers.

La Révolution française ne respecta ni les reliques, ni les œuvres de l'apôtre de la charité. Dans la nuit du 12 au 13 juillet 1789, la maison de Saint-Lazare fut pillée. Une foule de forcenés s'y précipite avec fureur, renverse, brise, déchire ; les meubles sont mis en pièces, la chambre même du père des pauvres est profanée. Trois ans plus tard, la châsse qui contenait les saintes reliques fut confisquée par la commission des biens nationaux ; on laissa pourtant aux Lazaristes le corps du bienheureux.

Dès que la tourmente fut passée, les fils et les filles de Vincent de Paul se hâtèrent de reparaître sur le sol ravagé de notre pauvre patrie.

Les sœurs de charité n'avaient pas, dans les premiers jours, la permission de porter leur costume. Elles étaient vêtues d'une robe noire et coiffées d'un bonnet de même couleur. Le quatrième dimanche de l'Avent de l'année 1804, le Pape Pie VII vint les visiter. Il parut étonné qu'elles n'eussent pas repris leur ancien habit ; il dit à l'empereur « que les filles de la charité avaient l'air de veuves ». L'autorisation de porter l'ancien costume fut accordée (1).

Les sœurs de charité eurent la consolation de posséder, pendant plusieurs années, dans leur chapelle, les reliques du saint. Mais d'autres avaient un droit encore plus sacré à ce trésor, et l'ont réclamé.

(1) *Vie de Mlle Legras.*

Les prêtres de la Mission, dépossédés de la vieille maison de Saint-Lazare, que le séjour de Vincent de Paul avait rendue si glorieuse et si chère, s'étaient établis dans l'ancien hôtel de Lorges, rue de Sèvres. C'est là que sont maintenant exposées à la piété des fidèles les reliques du saint.

Les deux familles spirituelles de saint Vincent, les Lazaristes et les Sœurs de charité, continuent à faire bénir, dans le monde entier, le nom de leur vénéré père. Une troisième vint, il y a cinquante ans, se joindre à elles. Quelques jeunes étudiants catholiques, parmi lesquels Ozanam est le plus illustre, conçurent, en 1833, la pieuse pensée de mettre, comme l'a si bien dit le père Lacordaire, leur chasteté sous la garde de la charité, et pour cela, de porter au domicile des pauvres des secours et de bonnes paroles. Ils donnèrent à leur œuvre le nom de conférences, et prirent Vincent de Paul pour patron. Cette famille posthume du saint prêtre est aujourd'hui répandue dans toutes les parties du monde, témoignant, comme ses aînées, à la gloire du patriarche, de la fécondité de l'exemple des saints.

Un nouvel honneur a été dernièrement accordé par l'Église à l'humble Vincent. Le souverain Pontife l'a proclamé patron de toutes les œuvres de charité.

La célébrité de cette sainte mémoire est un fait évidemment providentiel. A l'aurore des temps où les classes populaires allaient prendre une influence décisive sur les destinées du monde, cette grande figure de prêtre, enfant du peuple, dévoué à toutes les infortunes, humblement fidèle aux souvenirs et aux habitudes de son origine, est propre à faire tomber bien des préjugés. Toute la vie de saint Vincent de Paul est la démonstration de cette vérité : Le peuple n'a pas de meilleur ami que la religion et ses ministres.

TABLE DES MATIÈRES

Paris. — F. Levé, imprimeur de l'Archevêché, rue Cassette, 17.

www.ingramcontent.com/pod-product-compliance
Ingram Content Group UK Ltd.
Pitfield, Milton Keynes, MK11 3LW, UK
UKHW021136260726
13994UKWH00001B/161